Pope Clement I

The Epistles of S. Clement to the Corinthians in Syriac

Pope Clement I

The Epistles of S. Clement to the Corinthians in Syriac

ISBN/EAN: 9783337236335

Printed in Europe, USA, Canada, Australia, Japan

Cover: Foto ©Lupo / pixelio.de

More available books at **www.hansebooks.com**

THE
EPISTLES OF S. CLEMENT
TO
THE CORINTHIANS
IN
SYRIAC

EDITED FROM THE MANUSCRIPT WITH NOTES

BY THE LATE

R. L. BENSLY, M.A.

LORD ALMONER'S PROFESSOR OF ARABIC
AND FELLOW OF GONVILLE AND CAIUS COLLEGE.

CAMBRIDGE:
AT THE UNIVERSITY PRESS.
1899

Cambridge:
PRINTED BY J. AND C. F. CLAY,
AT THE UNIVERSITY PRESS.

For a description of the Manuscript, the class mark of which in the Cambridge University Library is *Add. MSS* 1700, see Bishop Lightfoot's Edition of S. Clement of Rome, Appendix. London 1877.

PREFACE.

IT is with great diffidence that I now publish the late Professor Bensly's edition of the Syriac Version of the Clementine Epistles, the Syriac text of which, with the exception of pp. ܣܗ and ܣܘ, was revised by him in 1876. A short time before his lamented death in 1893 Professor Bensly was looking forward to publishing the book in the course of a few months. I therefore imagined when I undertook to complete the work that my task would be little more than to see it through the press. An examination however of the papers which were placed in my hands by Mrs Bensly shewed me that, interspersed among notes on these Epistles, were a number of notes upon other subjects, and that these latter were indeed the more numerous. Upon arranging in order all the papers relating to the Clementine Epistles I discovered that they were by no means complete, and that of those in my hands some had already been published by Bishop Lightfoot in his Appendix. The rest were obviously in many instances Professor Bensly's working notes and, in their present form, not intended for publication. They seemed however to shew that Professor Bensly had at one time intended to publish notes on the Syriac text of the two Epistles, and this supposition was confirmed by the presence among the other papers of the first two pages of notes in a revised form. But since these had obviously been copied long ago, and I can find no trace of revision of the remaining notes, while many have been lost, it seems not unlikely that Professor Bensly changed his mind as to the form of his edition, intending to put the result of his labours into an introduction. Such an introduction however as Professor Bensly would have written, had he lived to complete his work, is unfortunately quite beyond my powers; it therefore seemed best under the circumstances to publish everything in his notes which could be of use for the study of the Syriac version, or which could throw light on the question of its origin. I may remind readers that on this point Professor Bensly has expressed his opinion in his "Ḥarḳlean Version of the Epistle to the Hebrews," p. 8.

I have endeavoured to the best of my power to verify references in the notes; but if they contain any errors or should convey a wrong impression, I would ask readers to put the blame upon me and not upon the painstaking and accurate scholar, whose loss only those who were privileged to be his pupils could adequately appreciate.

My best thanks are due to Canon J. Armitage Robinson, who has kindly allowed me to consult him on various points.

ROBERT H. KENNETT.

QUEENS' COLLEGE,
July 19, 1899.

NOTES.

FIRST EPISTLE.

P. ܒ, l. 1. ܩܐܬܘܠܝܩܐ. This epithet, suggested no doubt by the title of the epistles which immediately precede, is not applied elsewhere in our MS. to either.

ܦܐܪܬܢܘܣ, so p. ܘ, l. 11, p. ܝܛ, l. 9. This spelling, which is occasionally varied in our MS. by ܦܪܬܢܘܣ (e.g. p. ܝܛ, l. 11), is found but rarely in White's edition of the Philoxenian (Matt. xvi 23, Mark ix 2, Luke v 8). These are the two forms which occur throughout our MS. The usual forms in White's ed. are ܦܪܬܗܢܘܣ, ܦܪܬܢܘܣ.

l. 5. ܩܪ̈ܝܐ ܩܕ̈ܝܫܐ (Gk κλητοῖς ἡγιασμένοις). This is the rendering of κλητοῖς ἁγίοις 1 Cor. i 2, Ḥarḳ., but there are two passages in N. T. (Acts xx 32, xxvi 18) where in both the Pesh. and Ḥarḳ. versions ܩܕ̈ܝܫܐ takes the place of ܡܩܕ̈ܫܐ which is the ordinary equivalent for ἡγιασμένοι.

l. 7. εἰρήνη = ܫܝܢܐ in these epistles as in Ḥarḳ. In the few places where this translation occurs in the Curetonian Gospels it is found also in the Peshîṭtâ (viz. Matt. x 34 with the parallel passage Luke xii 51, and Luke xi 21). See *The Ḥarḳlean Version of the Epistle to the Hebrews*, ed. R. L. Bensly, p. 24.

l. 8. The Syriac without doubt represents the reading of Cod. A, συμφορὰς καὶ [περι]πτώσεις, the former substantive being rendered by ܬܒ̈ܪܬܐ as in 2 Macc. xiv 14, the latter by two words ܬܘܩ̈ܠܬܐ ܘܡܣܪ̈ܢܐ. For since ܬܘܩ̈ܠܬܐ by itself might have suggested παραπτώματα (of which it is a constant equivalent in Ḥarḳ.), a second word is added to detach it from this connexion.

l. 9. ܐܘ ܚܒ̈ܝܒܐ stands in the place of ἀδελφοί but translates ἀγαπητοί. The Syriac translator has replaced ἀδελφοί by ἀγαπητοί, which has been omitted two lines below. A similar substitution occurs in ch. IV, probably because some form of ἀδελφός occurs immediately before and after. The rendering ܐܘ ܚܒ̈ܝܒܐ (also found in XLIII ܠܓ 1) is exceptional in two ways, by the introduction of the interjection ܐܘ as in XIV ܟܒ 15 and L ܠܛ 5, and by the absence of a pronominal suffix which is generally appended to the vocatives (1) ἀγαπητοί, (2) ἀδελφοί, (3) ἄνδρες ἀδελφοί, in this translation.

l. 10. ܡܬܦܢܝܢܘܬܐ. This is the constant rendering of ἐπιστροφή in Syr. Hex. (except in Ezek. xlii 11).

ll. 11—15. The deviations from the Greek which occur in these lines do not necessarily imply a different text, since they may all be traced back to two fundamental errors of the translator: (1) He failed to perceive that the government of περί was carried on to τῆς τε ἀλλοτρίας...στάσεως, and consequently introduced another preposition ܡܢ and began a new sentence: (2) In the words εἰς τοσοῦτον ἀπονοίας ἐξέκαυσαν he took the verb in the sense of ἐξεκαύθησαν and brought out more prominently the idea of motion suggested by εἰς. Compare εἰς τοσαύτην ἀπόνοιαν ἐρχόμεθα, ch. XLVI. Meanwhile as ἣν was left without any regimen, a simple verb was supplied to complete the sense.

l. 11. The Greek word στάσις is here retained in the Syriac, but is followed by the gloss ܫܓܘܫܝܐ its equivalent elsewhere in this epistle. The Greek word is retained under various forms in the Gospels both in the Pesh. and Hark. translations. In the Acts of the Apostles it is rendered by ܫܓܘܫܝܐ in both translations, except in Acts xxiii 7 Pesh. where it is paraphrased.

l. 11. The usage of ܬܘܒ in this translation is as follows: ܬܘܒ = τε I ܒ 11, ܛ 9, 10, 12; II ܛ 14, ܙ 7, XX ܝ 11, 13 *bis* (13[1] om. τε C), 18, 21, ܝܐ 5 (om. τε A) 7, 10; XXIII ܝܚ 6; XXX ܟܒ 24 (om. τε C), ܟܓ 1, 2 (om. τε A); XXXII ܟܗ 8 (C); XXXIII ܟܘ 3, 5; XXXV ܟܚ 26 *bis*, ܟܛ 1; XL ܠܐ 18, 20, 24; XLV ܠܘ 1; XLVI ܠܘ 9; LI ܡ 2, LVIII ܡܓ 25; LX ܡܚ 5. In the second epistle X ܢܐ 10; cf. XV ܢܗ 25.

In some cases where both the Greek MSS. have τε the Syriac has simply ܘ, as in I ܛ 1, IX ܝ 25, XIX ܝܚ 7, XXXV ܟܚ 27, LXI ܡܚ 8; or the τε is not represented in Syriac at all, as in V ܘ 17, XIX ܝܘ 27, XLIV ܠܓ 17, and in XLVII ܠܘ 24, 25, where τε is only found in Cod. A.

We find an instance of ܬܘܒ where the Greek MSS. have καί in II ܛ 20, and where the Greek has no corresponding word in XX ܝܐ 8.

Again in vi ܘ 24, xiv ܝܒ 20, xvii ܝܗ 7, xxiv ܟܐ 5 οἵτινες, ἅτινα are translated by ܗܠܝܢ ܟܝܬ ܕ, and in lxiii ܣܓ 7 by ܗܢܘܢ ܟܝܬ ܕ; but in xliv ܡܕ 22 by ܗܢܘܢ ܕ and in li ܡܛ 16 by ܕ alone.

In xxv ܟܐ 17 the Greek MSS. have simply ὅς where the Syriac has ܗܘ ܟܝܬ ܕ.

In lvii ܢܕ 2, lxii ܣܐ 16 ἐπειδή is rendered by ܡܛܠ ܟܝܬ ܕ, but in the Second Epistle xii ܝܒ 4 by ܡܛܠ ܕ.

ܟܝܬ occurs ten times in the Ḥarḳlean as the rendering of γε.

P. ܕ, l. 2. ܬܪܥܝܬܐ is the rendering adopted by the Syriac translator for the following Greek words: βουλή ii ܕ 2, lvii ܢܕ 5, lxi ܣܐ 19; βούλησις ix ܚ 22, xl ܠܐ 21; γνώμη viii ܚ 4; διάνοια xix ܝܘ 8, xxi ܝܛ 16, xxiii ܟ 8, xxxix ܠ 19; Ep. 2 i ܟܒ 16, xix ܗܣ 2, xx ܗܣ 10; ἔννοια xxi ܝܚ 22; πρόθεσις xlv ܡܗ 20.

P. ܚ, l. 5. ܠܐ ܢܡܘܣܘܬܐ is the rendering of ἀνομία, as always in the Ḥarḳlean; in the Peshîṭtâ ἀνομία is rendered by ܥܘܠܐ.

l. 14. ܙܕܩ. ܙܕܩܐ is an exceptional rendering of δικαιόω; elsewhere in these epistles ܙܕܩ is used.

l. 16. The MS. has ܣܘܪܪܬܐ for ܫܘܪܪܬܐ here and in xii ܝܐ 16, but not elsewhere.

l. 22. ܐܚܝܕ ܟܠ = παντοκρατορικός. In ii ܕ 4, xxxii ܟܗ 18, lvi ܢܛ 4, lx ܣ 8, lxii ܣܐ 9, and in the Ḥarḳlean ܐܚܝܕ ܟܠ is the rendering of παντοκράτωρ.

ܢܫܡܥ = ὑπακούσωμεν. See note on ch. lviii.

P. ܛ, l. 5. ܗܘܝܐ ܕܡܢ ܕܪܝܫ = παλιγγενεσία. The same rendering is found in the margin of the Ḥarḳlean, Matt. xix. 28.

l. 6. ܡܪܐ ܕܟܠ. There is a somewhat remarkable variation in the translation of ὁ δεσπότης in this epistle. In xi ܝ 10, xx ܝܘ 3, xxiv ܟ 24, xxxvi ܠܗ 25, ܠܛ 3, xlix ܡܘ 15, lii ܢ 8, it is rendered, as it is here, by ܡܪܐ ܕܟܠ; in xxxiii ܟܗ 22 by ܡܪܐ

ܕܟܠܡ; in xl ܠܐ 17, 25 by ܡܪܢ, in xlviii ܠܕ 14, lvi ܡܛ 18 by ܡܪܢܐ; and in lv ܡܒ 12 by ܡܪܝܐ.

δέσποτα is rendered by ܡܪܝܐ ܐܠܗܐ lix ܡܘ 5, 6; by ܡܪܝܐ ܕܟܠ lxi ܡܗ 9; by ܡܪܢܐ lx ܡܗ 1; and by ܡܪܝܐ lxi ܡܗ 17, lxiv ܡܛ 11.

In three passages, however, viii ܝܕ 1, xx ܟܘ 12, xxxiii ܟܗ 24 ܡܪܝܐ ܕܟܠ corresponds to ὁ δεσπότης τῶν ἁπάντων.

It will be observed that the translator uses ܡܪܝܐ before a genitive and ܡܪܢܐ when the word occurs absolutely. The rendering ܡܪܢ is perhaps due to the fact that the translator understood the words to refer to Christ.

l. 13. ἐπαγγελία is always translated by ܡܘܠܟܢܐ in these epistles, and by ܫܘܘܕܝܐ in the Ḥarḳlean.

P. ܝ, l. 7. ܫܦܝܪܘܬ ܕܚܠܬܐ is the Ḥarḳlean rendering of εὐσέβεια. It does not occur in the Peshiṭṭâ.

l. 17. ܕܡܬܦܠܓܝܢ is the rendering of οἱ διστάζοντες here and xxiii ܟܓ 12 and Ep. II xi ܢܫ 16. ܦܘܠܓܐ likewise occurs xlvi ܠܘ 20 as the translation of δισταγμός. In *Reliquiae Juris Ecclesiastici*, ed. Lagarde, p. ܝܒ, l. 10, p. ܘܒ, l. 22 ܐܬܦܠܓ is the rendering of διστάζειν, and in the same work p. ܛܒ, l. 5 ܕܠܐ ܦܘܠܓܐ corresponds to ἀδιστάκτως. Cf. Jac. Ed. *Scholia* (ed. Phillips) ܒ 13, ܝ 16, ܛܒ 20, Athanasius, *Festal Epistles* ܠܫ 21.

In the Curetonian, Peshîṭṭâ and Ḥarḳlean versions of the New Testament διστάζειν is rendered by ܐܬܦܠܓ.

l. 18. γενεά is here translated by ܫܪܒܬܐ as in the Gospels of the Peshîṭṭâ (except S. Luke i 50 where ܠܕܪ̈ܐ ܘܫܪ̈ܒܬܐ εἰς γενεὰς καὶ γενεάς); elsewhere in this epistle it is translated by ܕܪܐ, as in Acts (except ii 40, xiii 36) and epistles of the Peshîṭṭâ, and always in the Ḥarḳlean.

P. ܝܐ, l. 21. ܫܒܗܪܘܬܐ occurs as the translation of ἀλαζονεία here and in xiv ܝܒ 17, xvi ܝܛ 18, xxi ܝܛ 1, xxxv ܟܒ 27; moreover ἀλαζονεύεσθαι is translated by ܐܫܬܒܗܪ ii ܛ 15, xxxviii ܠ 9, and ἀλάζων by ܫܒܗܪܘܬܐ lvii ܡܛ 23. ὑπερηφανία is rendered by ܫܚܝܪܘܬܐ xvi ܝܛ 19, xxx ܟܒ 2, xxxv ܟܒ 27, and ὑπερήφανος by ܫܚܝܪܐ xxx ܟܒ 3, lvii ܡܛ 24, lix ܡܗ 20.

In the Peshîṭtâ on the other hand ἀλαζονεία is translated by ܚܬܪܘܬܐ and ܫܘܒܗܪܐ, ἀλάζων by ܚܬܪܐ, ὑπερηφανία by ܡܫܘܠܘܬܐ and ὑπερήφανος by ܡܫܘܠܐ and ܚܬܪܐ.

P. ܝܛ, l. 21. ܠܫܡܥܬܢ. The Syr. Hex. and the Philox. (S. John xii 38, Rom. x 16) have ܠܫܡܥܬܐ ܕܝܠܢ.

l. 23. ܝܠܘܕܐ (= παιδίον). So the Pesh. in this passage; the Syr. Hex. has ܛܠܝܐ. ܝܠܘܕܐ is never used for παιδίον in the Ḥarḳ.

ܠܐ ܐܝܬ. Syr. Hex. ܠܝܬ.

25. κάλλος is here rendered by ܫܘܒܚܐ, but the ܫܘܒܚܐ from the preceding clause would be easily substituted for ܫܘܦܪܐ.

ܕܒܨܝܪ ܗܘܐ ܡܢ ܟܠܗܘܢ ܒܢܝܢܫܐ. Syr. Hex. ܘܡܥܠܠܐ ܝܬܝܪ ܡܢ ܕܒܢ̈ܝܢܫܐ.

P. ܟ, l. 2. ܡܛܠ ܕܡܫܚܢ ܦܪ̈ܨܘܦܗ. Syr. Hex. ܡܛܠ ܕܡܗܦܟ ܦܪ̈ܨܘܦܐ ܕܝܠܗ. In IV ܗ 11 we have ܘܐܫܬܢܝ ܦܪ̈ܨܘܦܗ for καὶ συνέπεσεν τῷ προσώπῳ αὐτοῦ.

l. 3. ܚ̈ܛܗܝܢ. Syr. Hex. ܚ̈ܛܗܐ ܕܝܠܢ.

ܥܘܠܢ. Syr. Hex. ܛܠܡܢ.

l. 4. ܡܪܕܘܬܐ. Syr. Hex. ܚܐܫ.

l. 5. ܘܒܟܘܦܚܐ = καὶ ἐν κακώσει. SH. ܘܒܡܒܐܫܘܬܐ. ܟܘܦܚܐ as the rendering of κάκωσις occurs only once in the Syr. Hex. Ps. xliii 21.

ܐܬܚܠܠ (= ἐτραυματίσθη), in Syr. Hex. ܐܬܡܚܝ; but τραυματίζω = ܚܠܠ Syr. Hex. Jerem. ix 1, Ezek. xxviii 9, 23, xxx 4, xxxii 27.

l. 8. ܥܢܐ (= πρόβατα). Syr. Hex. ܥ̈ܪܒܐ (but ܥܢܐ occurs Jerem. xxv 35, 36, Ezek. xxv 5), S. Cyr. *Com. in Luc.* 345, and in Philox. In IV ܗ 8, LIX ܘܡ 13, however, πρόβατα is translated by ܥ̈ܪܒܐ.

l. 9. ܒܚ̈ܛܗܐ ܕܝܠܢ (= ὑπὲρ τῶν ἁμαρτιῶν ἡμῶν). ܥܠ ܐܦ̈ܝ ܚܛܗܝܢ Cyr. *Luc.* 345. ὑπέρ is uniformly rendered by ܚܠܦ in the Philoxenian.

ܡܛܠ ܗܘ̇ ܕܐܬܡܟܟ (= διὰ τὸ κεκακῶσθαι). Syr. Hex. ܡܛܠ ܕܐܬܐܒܫ.

l. 10. ܐܬܬܝܬܝ (= ἤχθη), so also Syr. Hex. In Acts viii 32, Phil., Cyr. *Luc.* 345, Isa. liii 7 and Acts viii 32, Pesh. ܐܬܕܒܪ is used. Cf. S. Luke iv 1, xxiii 32, Acts xx 12, xxi 16, 2 Tim. iii 6, Phil. ܐܬܬܝܬܝ is the more general equivalent.

l. 12. ܒܡܘܟܟܗ (= ἐν τῇ ταπεινώσει αὐτοῦ) is attached by the interpunctuation to the preceding, not to the following clause. The same division is found in the Syr. Hex. of Isaiah liii 7 (see Dr Ceriani's facsimile edition), and in the Pesh. and Phil. of Acts viii 32.

ܕܝܢܐ ܕܝܠܗ. So Syr. Hex.; Phil. ܕܝܢܗ.

ܘܕܪܐ ܕܝܠܗ. Syr. Hex. ܠܕܪܗ; Phil. ܠܕܪܐ ܕܝܠܗ.

l. 13. ܢܫܬܥܐ, so Syr. Hex. Phil. ܡܫܬܥܐ.

ܕ (= ὅτι), so Syr. Hex. Phil. ܡܛܠ ܕ.

ܡܬܬܪܝܡ (= αἴρεται), so Syr. Hex. Phil. ܡܫܬܩܠ.

ܚܝ̈ܘܗܝ، ܡܢ ܐܪܥܐ (= ἀπὸ τῆς γῆς ἡ ζωὴ αὐτοῦ). Syr. Hex. and Phil. ܡܢ ܐܪܥܐ ܚܝ̈ܐ ܕܝܠܗ.

l. 15. ܡܘܪܬܗ. Syr. Hex. ܡܘܪܬܐ ܕܝܠܗ.

l. 16. ܥܘܠܐ (= ἀνομία). Syr. Hex. ܠܐ ܢܡܘܣܘܬܐ.

ܒܦܘܡܗ. Syr. Hex. ܒܦܘܡܐ ܕܝܠܗ.

l. 17. ܨܒܐ (= βούλεται). Syr. Hex. ܒܥܐ. ܨܒܐ is the Philoxenian equivalent of βούλεται, ܒܥܐ the Syr. Hex.

l. 18. ܡܛܠ ܚܛ̈ܗܐ (= περὶ ἁμαρτίας). Syr. Hex. ܚܠܦ ܚܛܝܬܐ.

l. 19. ܕܢܪܝܡ (= ἀφελεῖν). Syr. Hex. ܠܡܥܒܪܘ. Both ܐܪܝܡ and ܐܥܒܪ are used in Syr. Hex. The Phil. always uses ܐܪܝܡ.

P. ܝܘ ll. 4, 5. ἀτενίσωμεν εἰς has here a double rendering ܢܚܘܪ ܘܢܬܒܩܐ, and is thus distinguished from ἐμβλέψωμεν εἰς (= ܢܬܒܩܐ ܒ) which occurs just below (l. 8). ἀτενίζειν is rendered by ܚܘܪ ܒ always in Pesh. (except Acts xiv 9), and in Ḥarḳ. twice only, S. Luke iv 20, Acts iii 12 (elsewhere by ܐܨܕ ܒ). ἀτενίζειν is translated in this epistle by ܐܬܒܩܝ alone vii ܙ 16, ix ܛ 1, xxxvi ܚܣ 21.

P. ܝܛ, l. 2. ܢܬܩܠ ܒ (= προσκόψωμεν). In Phil. προσκόπτειν is always translated by ܐܬܬܩܠ. Cf. S. Luke xvii 4, Pesh.

l. 9. ܒܪ̈ܚܡܘܬܐ ܐܦ̈ܐ = κατὰ προσκλίσεις. In 1 Tim. v 21, Phil. κατὰ πρόσκλισιν is rendered by ܒܡܝܠܘܬܐ.

l. 25. ὀφθαλμοὶ Κυρίου = ܡܠܬ ܕܚܘܣܝܗ̇ ܕܡܪܝܐ, differing both from the Pesh. and Syr. Hex.

P. ܡܐ, l. 6. ἀνυπερβλήτου paraphrased thus: ܡܬܠܬܐ ܘܕܠܝܬ ܠܡܥܒܪ ܠܥܠ ܡܢܗ̇.

ll. 6, 7. ܡܬܥܫܢ ܒܦܐܪ̈ܗܣܝܐ = παῤῥησιάζεται. This translation of the Greek verb occurs in the Phil. of Acts ix 28, xiii 46, xix 8, Ephes. vi 20. It was probably suggested by the phrase πολλῇ παῤῥησίᾳ χρώμεθα 2 Cor. iii 12. In xv ܝܗ 14 παῤῥησιάσομαι is translated ܐܥܒܕ ܒܦܐܪ̈ܗܣܝܐ.

l. 9. ܚܘܣܬܢܐ = εὔσπλαγχνος here and XXIX. ܟܛ 13. In Pesh. εὔσπλαγχνοι is translated ܡܪ̈ܚܡܢܝܢ (Ephes. iv 32), and ܪ̈ܚܡܬܢܝܢ (1 Pet. iii 8); the Phil. in both places has ܡܪ̈ܚܡܢܝ ܡܥܝ̈ܐ.

ܡܠܐ = πεπληροφορημένος. In Eccles. viii 11 ἐπληροφορήθη καρδία is the rendering of מלא לב, which seems to be the origin of the common meaning of the word, 'to be filled or fully resolved.' The verb is translated ܐܬܡܠܝ ܦܣܐ in Syr. Hex.

l. 16. The Syriac of this quotation agrees with Syr. Hex. (Pesh. ܡܡܠܐܗ̇.)

ll. 21, 25, 26. ܐܫܠܡܘ ܢܦܫܗܘܢ as Eph. iv 19, Pesh. The Phil. has ܗܢܘܢ ܠܗܘܢ in this form, cf. Gal. ii 20, Ephes. v 2.

l. 26. ܢܦܪܩܘܢ = λυτρώσονται. The Philoxenian equivalent is ܦܪܩ.

P. ܡܒ, l. 2. ܫ̈ܡܠܝܢ = ἐπετελέσαντο. ܫܡܠ is the rendering of ἐπιτελεῖν, ἐπιτελεῖσθαι in Ḥarḳ. (except Gal. iii 3), never in Pesh.

l. 3. ܛܘܒܬܢܐ = μακάριος always in Ḥarḳ., never in Pesh., but ܛܘܒܝܗܘܢ ܠ = μακάριοι XLIV ܡܕ 21 and L ܢ 8; also Ep. II XIX ܝܛ 4; and ܛܘܒܘܗܝ ܠ = μακάριος L ܢ 10, LVI ܢܘ 3, also Ep. II XVI ܝܘ 23.

Ep. I XXXV μακάρια = ܛܘܒܬܢܝܢ (ܠܗ 11), XL μακάριοι = ܛܘܒ̈ܬܢܐ (ܡ 24), XLIII μακάριος = ܛܘܒܬܢܐ (ܡܓ 8), XLVIII μακάριοι = ܛܘܒ̈ܬܢܐ (ܡܚ 23) L (ܢ 5). Ep. II XIX μακάριος = ܛܘܒܬܢܐ. (ܝܛ 8.)

In XLVII μακάριος = ܛܘܒܢܐ (ܠܘ 22), cf. John xiii 17, Acts xxvi 2, Jas. i 25 Pesh.

l. 6. πατρίς is here translated by ܡܕܝܢܬܐ ܕܐܒ̈ܗܘܗܝ; in Phil. it is rendered ܐܬܪܐ ܕܐܒ̈ܗܘܗܝ (Mark vi 1), elsewhere by ܐܬܪܐ, in Pesh. by ܡܕܝܢܬܐ.

l. 11. ἀξιόω = ܐܦܝܣ in SH. e.g. Sap. xiii 18, Euseb. *Hist. Eccles.* (*Anc. Syr. Doc.* ܐ 11).

ll. 13, 14. ἐκινδύνευσεν = ܐܝܬܘܗܝ ܗܘܐ ܒܩܘܢܕܝܢܘܣ so once in Phil., Luke viii 23.

l. 15. παράπτωμα always rendered ܬܘܩܠܬܐ in Phil.; twice only in Pesh. (Rom. v 15), here only in Clement (but ܬܘܩܠܬܐ = περίπτωσις (I ܒ 8). παράπτωμα is rendered by ܬܩܠܬܐ (II ܕ 12, LI ܠܛ 21).

ὑπάρχω here rendered by ܐܬܬܝܕ, elsewhere by ܐܝܬ as in Phil.

l. 18. ἔγκαρπος καὶ τελεία. The order of the adjectives is inverted in the Syriac.

l. 20. ܙܕܩ ܠܗ is an exceptional rendering of ὀφείλει: elsewhere in these epistles ܚܝܒ is used: in the Ḥarḳ. ܚܝܒ, ܚܐܒ and four times ܘܠܐ (1 Cor. vii 36, ix 10, 2 Cor. xii 11, Heb. ii 17).

l. 24. The quotation from Ps. cxviii 18 agrees with Pesh. and SH.

The quotation from Prov. iii 12 agrees with SH., except that our translation has ܕܪܚܡ (as Pesh., Prov. iii 12, Heb. xii 6) for ܕܡܚܒ.

P. ܡܠ, l. 2. The quotation from Ps. cxli 5 as in SH. quoted in *Rel. Jur. Eccl.* p. ܣܗ.

l. 4. Job v 17 ܠܐ ܬܣܠܐ. This (as well as ܛܘܒܘܗܝ) is from the Pesh.

νουθέτημα = ܡܪܬܝܢܘܬܐ; SH. ܥܘܘܢܐ; Pesh. ܡܪܕܘܬܐ.

l. 5. ἀποκαθίστησιν = ܗ̇ܦܟ ܬܘܒ; so ἀποκαταστήσῃ = ܢܗܦܟ ܬܘܒ (XLVIII ܠܕ 16). ܬܬܗܦܟ ܬܘܒ = ἀποκαταστήσεται Isa. xxiii 17 SH.; SH. here has ܦ̇ܢܐ ܣܐܡ.

l. 6. ܐܘܠܨܢܐ = ἀνάγκη as always in SH. of Job. The Ḥarḳ. has ܐܢܢܩܝ (or ܐܢܐܢܩܝ pl. ܐܢ̈ܢܩܣ or ܐܢܐܢ̈ܩܣ) everywhere except Rom. xiii 5.

ܕܫܒܥ = ἕβδομος, SH. ܫܒܝܥܝܬܐ and so in Ḥarḳ.

l. 7. ܠܫܦ = ἅπτεσθαι in Ḥarḳ. always except Mark iii 10.

l. 9. κρύψει = ܢܟܣܝܘ. So only once in Ḥarḳ. (Luke xviii 34); the usual rendering is ܛܫܝ.

l. 10. ἀδίκων is transferred in the Syriac to the end of the preceding sentence by an unnatural construction.

l. 11. ܕܝܢ = δέ. A. C. γάρ. The Syriac here agrees with the SH. of this clause.

l. 12. ܕܡܫܬܡ . . . ܢܥܬܕܡ. The same tenses as in SH.

l. 14. ὥριμος is translated by ܒܫܝܠܐ Job v 26 and Jeremiah li 33 SH. There is a double rendering here.

l. 17. ܣܘܥܕܐ = ὑπερασπισμός, cf. ܡܣܥܕܢܐ = ὑπέρμαχος XLV (ܠܗ 22), Wisdom x 20 SH.

l. 23. ἀποτίθεσθαι is translated XIII (ܟܐ 21) by ܐܢܝܚ ܡܢ as usually in Pesh., here by ܫܕܐ ܡܢ as occasionally in Ḥarḳ.

ܡܫܬܥܠܝܘܬܐ = ἀλαζονεία always in these epistles. ἀλαζονεία is rendered by the same word in *Rel. Jur. Eccl.* ܟܘ 23, Cyr. *Com. in Luc.* 204 5, but not in Pesh., Ḥarḳ., or SH.

P. ܡܕ, l. 19. The Syriac has a double rendering of ὑπακούσωμεν. ὑπακούειν is rendered by ܫܡܥ VII (ܙ 21), LVII (ܡܕ 3), and by ܥܢܐ IX (ܛ 22), XXXIX (ܠܐ 7). The two renderings are here combined.

In the Ḥarḳ. it is translated uniformly by ܐܫܬܡܥ except in Acts xii 13 where it has a special meaning and the ܬܥܢܝܘܗܝ of the Pesh. is retained.

P. ܡܘ, l. 8. ܠܟܘܪܗܢܐ. The root ܟܪܗ is the general rendering of ἀσθενεῖν and its derivatives in the Pesh., and the root ܡܚܠ in the Ḥarḳ., ܟܪܗ being the uniform rendering of νοσεῖν in the latter. The exceptions to the above rule in the Ḥarḳ. are Matt. x 8, Luke vii 10, viii 2, x 9, John iv 46, v 3, Acts ix 37, xix 12, where ܟܪܗ is retained from the Pesh.

P. ܡܙ, l. 22. With the paraphrastic translation of the Syriac compare Acts xxvi 22 Ḥarḳ. ܥܕ. ܠܝܘܡܢܐ ܗܢܐ ܐܬܩܘܡܬ ܕܡܢ ܐܠܗܐ.

P. ܡܛ, l. 3. ἔντευξιν ܦܓܥܬܐ ܘܬܟܫܦܬܐ. ἐντεύξεις = ܬܟܫܦ̈ܬܐ 1 Tim. ii 1 Ḥarḳ.

l. 10. ܫܪܟܐ ܕܝܢ = λοιπόν. The addition of ܕܝܢ implies no various reading.

SECOND EPISTLE.

P. ܢܒ, ll. 3, 4. ܚܪܝܢ ܚܘܪܢ ܠܥܠ ἀνεβλέψαμεν. This full translation occurs here only: cf. IX ܢܓ 4.

ἀναβλέψας = ܚܪ ܠܥܠ Luke xix 5 Ḥarḳ. ἀναβλέπειν is translated by ܬܠܐ ܥܝ̈ܢܐ Isa. xl 26, Zech. v 5 Syr. Hex.

ll. 5, 6. ܚܠܦ ܪ̈ܚܡܘܗܝ ܘܚܣ ܥܠܝܢ a double rendering of σπλαγχνισθείς.

l. 6. ܗܝ ܥܠܬ̇ܗ (cf. l. 2). This phrase (with ܗܝ for ܗܕܐ) appears to be peculiar to this document.

l. 10. ܚܕ̇ܝ = εὐφράνθητι as in Isaiah liv 1 SH. The Ḥarḳ. has ܐܬܒܣܡܝ Gal. iv 27, and uses the same verb to translate εὐφραίνεσθαι in all other passages.

l. 11. ܡܚܒܠܐ = ὠδίνουσα. So Pesh. of Gal. iv 27 and Syr. Hex. of Isa. liv 1. Ḥarḳ. has ܚܒ̇ܠܐ.

l. 12. ܝܬܝܪ = μᾶλλον. This rendering is found in Ḥarḳ. only 1 Cor. xiv 18. Elsewhere in this version the rendering is either ܝܬܝܪܐܝܬ or ܡܐܠܠܘܢ.

l. 15. ܐܙܥܩ = βόησον. The Syriac translator probably uses ܐܙܥܩ here, because it is the more familiar equivalent for βοᾶν, although in the quotation immediately preceding he has rendered ῥῆξον by this word. ܐܙܥܩ is the rendering of βοᾶν everywhere in Ḥarḳ. except Luke xviii 7, Gal. iv 27.

l. 18. Here ܚܒ̇ܠܐ = ὠδίνουσα, vide supra.

l. 24. ܕܐܘ̇ܪܐ, so Pesh. Matt. ix 13, Mark ii 17. Ḥarḳ. has ܠܦܘܪܐ.

P. ܢܓ, l. 2. τοσοῦτον is here rendered adverbially; οὖν is omitted, and ἔλεος ποιήσαντος αὐτοῦ εἰς ἡμᾶς has a double rendering.

l. 11. καὶ μὴ παρακούειν αὐτοῦ τῶν ἐντολῶν here rendered by ܘܠܐ ܢܫܡܥܐ ܘܢܛܪ ܦܘܩ̈ܕܢܘܗܝ، ܕܒ ܐ̈ܢܫܝܢ ܘܠܐ ܥܒܕܝܢ ܠܗܘܢ: in ch. VI ἐὰν παρακούσωμεν τῶν ἐντολῶν αὐτοῦ is translated ܐܢ ܢܗܦܘܟ ܡܥܒܪܝܢܢ ܡܢ ܦܘܩ̈ܕܢܘܗܝ ܘܢܛܪ ܐܢܘܢ,

(p. ܢܗ, l. 12), and in ch. XV τοῖς παρακούσασιν is translated ܠܗܘܢ ܕܠܐ ܫܡܥܘ (p. ܣܒ, l. 9).

παρακούειν is rendered by ܐܕܫ Isa. lxv 12 Syr. Hex., and by ܠܐ ܫܡܥ ܠ in Pesh. and Ḥarḳ.

l. 13. The MS. has ܕܢܝܩܪܘܢܝܗܝ (= αὐτὸν ἐπικαλεῖσθαι). The insertion however of a single letter will harmonize the Syriac with the Greek ܢܝܩܪܘܢܝܗܝ (= αὐτὸν τιμᾶν).

ܚܝܠ = ἰσχύος (for διανοίας) which occurs in the parallel passages of the Gospels, or δυνάμεως as in Deut. vi 5 LXX., cf. Matt. xxii 37 Cur. and Pesh.

P. ܢܘ, l. 1. ܒܚܕ ܥܘܒܐ, Gk. ἐν τῷ κόλπῳ μου. The Syriac is probably an alteration to obviate an apparent difficulty in reconciling ἐν τῷ κόλπῳ μου with μετ' ἐμοῦ.

l. 2. ἀποβαλῶ. The Syriac gives a double rendering of this word.

l. 5. ܥܘܠܐ = ἀνομία as always in Pesh.; in Ḥarḳ. ܠܐ ܢܡܘܣܘܬܐ.

l. 6. καταλείψαντες rendered in Syriac as Pres. Part.

ܠܡܬܠܐ. The Syriac translator read παροιμίαν which is so rendered 2 Pet. ii 22, and in the Syr. Hex. of Ecclus. xxxix 3, xlvii. 18.

l. 9. ἐν μέσῳ = ܒܡܨܥܬ. In Matt. x 16, Luke x 3 the Pesh. has ܒܝܢܝ, the Ḥarḳ. ܒܡܨܥܬܐ.

l. 13. δυναμένους = ܡܫܟܚܝܢ as in Matt. x 28 Pesh.; ἔχοντα ἐξουσίαν = ܐܝܬ ܠܗ ܫܘܠܛܢܐ as in Luke xii 5 Ḥarḳ.

l. 20. ܕܬܬܡܛܘܢ = ἐπιτυχεῖν as in Ḥarḳ. Heb. vi 15.

ll. 25, 27. δουλεύειν is translated by ܦܠܚ ܥܒܕܘܬܐ XXXI (ܟܗ 1), Ep. II XVII (ܣܕ 3), XVIII (ܣܕ 5) and in the present passage; it is translated by ܦܠܚ alone in XXVI (ܟܒ 4), XLV (ܠܗ 20), Ep. II XI (ܢܫ 11); cf. Luke xvi 13. We have here a good example of the way in which this version comes between the Pesh. and the Ḥarḳ., here inclining to the former.

P. ܢܗ, l. 2. ܢܘܒܕ. If considered as a strict translation, this word would rather represent ἀπολέσῃ which is the reading of Justin Mar. *Apol.* I 15. ζημιοῦσθαι is uniformly rendered by ܚܣܪ in Ḥarḳ. as well as in Pesh. and Cur. (In Luke ix 25 the editor followed by Tischendorf incorrectly retranslates by ἀπολέσας, cf. *Rel. Jur. Eccl.* ܡܨ 18.)

l. 4. ܣܦܪ ܒ = ἀποτάσσεσθαι governing a Dative, so l. 6 and xvi (ܣܒ 12, 13): so also Luke xiv 33 Ḥarḳ.

l. 8. ܡܬܚܒܠܢܐ is the constant translation of φθαρτός in Ḥarḳ., and so vii (ܢܗ 22, ܢܘ 3).

l. 9. The translation of ἐκεῖνα by ܗܢܝܢ ܕܝܢ ܕܠܗܠ and the addition of ܕܬܡܢ l. 11 are probably touches from the translator's hand in order to bring the contrast into clearer relief.

l. 14. Noah, Job, Daniel. To the authorities cited for this order of the names add Aphraates (ed. Wright) p. ܬܢܟ l. 7. It is also the order observed by Ephraem in his explanation (*Op. Syr.* ii 177).

l. 19. παράκλητος is here represented by ܡܦܝܣܢܐ. In Cur., Pesh., and Ḥarḳ. it is invariably rendered ܦܪܩܠܛܐ ܦܪܩܠܝܛܐ or ܦܪܐܩܠܝܛܐ.

l. 21. For the error in A of ΑΙΩΝ for ΑΓΩΝ, cf. also 4 Macc. ix 23, xi 20.

P. ܢܘ, l. 1. ܠܘܒܕܢܐ, cf. p. ܟܐ, l. 13.

l. 4. ܡܫܬܕܝܐ = βάλλεται, cf. Matt. v 13 Pesh. In Ḥarḳ. βάλλω is always rendered by ܪܡܐ.

l. 11. ܬܘܒ ܡܬܚܕܫ ܗܦܟ, a double translation of ἀνα-.

l. 14. ܒܒܣܪܐ (= ἐν τῇ σαρκί) is attached to the preceding clause by the Syriac interpunctuation.

P. ܢܚ, l. 13. ἐπαγγελία is always rendered by ܡܘܠܟܢܐ in these epistles, and by ܫܘܘܕܝܐ in Ḥarḳ.

l. 14. ἐσόμεθα represented here by ܢܗܘܐ ܐܝܬܝܢ but by ܢܗܘܐ l. 12. The former rendering represents the Subjunctive or Optative of εἶναι in Ḥarḳ., but ܢܗܘܘܢ ܐܝܬܝܗܘܢ represents ἔσονται 2 Tim. ii 2.

ὁ προφητικὸς λόγος = ܡܠܬܐ ܢܒܝܝܬܐ as in 2 Pet. i 19 Ḥarḳ.

ll. 16, 17. πάλαι = ܡܢ ܩܕܝܡ as Heb. i 1, Pesh. and Ḥarḳ. Matt. xi 21 (sic leg.), Luke x 13, Ḥarḳ.

l. 19. ἀνόητοι, which is translated ܣܟ̈ܠܝ ܪܥܝܢܐ Ep. I xxiii (ܢܓ 15), has here a double rendering ܦ̈ܚܠܐ ܘܣܟ̈ܠܝ ܪܥܝܢܐ. In Pesh. the equivalent is ܦ̈ܚܠܐ Rom. i 14, Gal. iii 3, 1 Tim. vi 9 and ܣܟ̈ܠܝ ܪܥܝܢܐ Luke xxiv 25, Gal. iii 1. The Ḥarḳlean rendering is in all cases ܕܠܐ ܗܘܢܐ.

ܗܘ ܐܓܪܬܐ ܕܬܪܬܝܢ ܕܦܘܠܘܣ ܕܠܘܬ ܩܘܪܢܬܝܐ.

ܪܘܚܐ ܩܕܝܫܐ. ܫܘܒܚܐ ܘܐܝܩܪܐ ܘܐܘܚܕܢܐ. ܠܥ̈ܠܡܐ
ܕܥ̈ܠܡܝ ܐܡܝܢ. ܫܠܡܬ ܐܓܪܬܐ ܕܬܪܬܝܢ ܕܦܘܠܘܣ.
ܕܠܘܬ ܩܘܪܢܬܝܐ.

ܬܪܝܨܘܬ ܢܦܫܐ ܘܠܐ ܡܫܡܠܝܘܬܐ ܗ̇ܝ ܕܐܝܬ ܒܝ̈ܫܐ ܕܠܝ. ܘܡܚܫܒܢ ܒܬܪܥܝܬܝ ܡܢ ܬ̈ܚܘܝܬܐ ܗܠܝܢ ܦܬ̈ܝܟܬܐ. ܢܣܒܪ ܗܟܝܠ ܕܢܣܩܘܬܝ. ܐܝܟܢܐ ܕܠܓܒܪ ܢܬܦܢܐ. ܀

ܠܟܠܗܘܢ ܠܐܝܠܝܢ ܕܐܫܬܡܥܘ ܘܓܒܘ ܠܚܘ̈ܫܒܐ ܗܠܝܢ. ܐܦ ܡܠܝܠ ܘܚܟܝܡܐ ܢܬܦܪܫܘܢ ܒܡܠܟܐ. ܒܒܐܪܐ ܠܐ ܡ̈ܝܬܘܬܐ ܕܡܫܒܚܬܐ ܢܬܒܣܡܘܢ. ܠܐ ܗܟܝܠ ܢܬܬܟܝܡ ܥܡ̈ܪ ܕܫܠܝܘܬܐ: ܐܝܟ ܒܙ̈ܒܢܐ ܕܗܪܟܐ ܢܬܕܘܪܐ. ܘܚܟܝܡܐ ܗ̇ܘ ܠܡܒܝܢܘܬܐ ܡܫܡܫܐ ܠܗ ܠܟܠ ܒܢ ܐܒܗ̈ܬܐ. ܒܗ
[XX.] ܡܬܚܫܒ ܒܫܪܐ ܒܡܠܟܐ ܗ̇ܘ ܕܠܐ ܒܥܐ. ܐܠܐ ܐܦܠܐ ܗ̇ܝ ܠܬܪܥܝܬܐ ܕܠܝ ܬܫܬܡܥ: ܕܫܘܝܢ ܠܟ̈ܠܠܐ ܕܒܬܝܢܝ: ܘܠܚܒܪܐ ܕܐܠܗܐ ܒܗ ܡܬܐܠܝܢ. ܢܣܒܢ ܗܟܝܠ ܐܝܟ ܘܐܝܟܢܘܬܝ: ܕܢܣܒܢܐ ܕܡܢ ܐܠܗܐ ܝ̇ܗܒܐ ܦܠܝܢ ܘܡܬܡܬܚܝܢ ܘܡܬܕܪܫܝܢ ܣܝܡ ܒܥܝ̈ܢܐ ܗܠܝܢ ܕܗܫܐ. ܐܝܟܢܐ ܕܒܗܠܝܢ ܕܒܬܪܝܢ ܢܬܒܠܠ. ܘܠܐ ܐܝܟ ܡܢ ܕܪ̈ܘܫܐ ܡܠܠܐܝܬ ܢܦܩܝ ܒܐܪܐ. ܐܠܐ ܡܦܩܐ ܠܗܘܢ. ܐܠܘ ܓܝܪ ܐܠܗܐ ܐܓܪܐ ܕܪ̈ܘܫܐ ܡܠܠܐܝܬ ܦܩܕ ܗܘܐ. ܬܘܡܝܐܝܬ ܬܐܓܘܪܬܐ ܗܘܬ ܗ̇ܝ ܕܦܠܚܝܢ ܗܘܘ. ܘܠܘ ܕܝܠܗ̇ ܐܠܗܐ. ܡܫܬܟܚܝܢ ܗܘܘ ܓܝܪ ܕܐܢܬܘܢ ܪ̈ܘܫܐ. ܠܘ ܒܗ ܒܬܪ ܕܝܠܗ̇ ܐܠܗܐ ܪܕܦܝܢ ܗܘܘ. ܐܠܐ ܒܬܪ ܡܬܪܥܝܢܐ. ܘܡܬܠܗܕܐ ܕܝܢܐ ܐܠܗܝܐ ܦܓܥ ܠܪܘܚܐ ܕܠܐ ܐܝܬܘܗ̇ ܕܪ̈ܘܫܐ. ܘܐܘܣܦ ܒܐܣܘܪ̈ܐ. ܀

ܠܗ̇ܘ ܕܒܠܥܘܕܘܗܝ ܐܠܗܐ: ܠܐ ܡܬܚܫܚܐ ܐܟܐ ܕܒܙ̈ܪܐ ܡܢ ܢܦܩ ܡܬܚܫܚܐ: ܠܗ̇ܘ ܕܙܒܪ ܠܦܪ̈ܘܫܐ ܘܙܪܥܐ ܕܟܠ̈ܐ ܘܕܦܘܪܩܢܐ ܕܠܝ: ܗ̇ܘ ܕܐܝܬܘܗ̈ܝ ܚܠܝܡܝ ܠܝ ܠܒܙ̈ܪܐ ܘܠܒܘܣܡܐ ܥܠܝ̈ܢܐ: ܘܐܦ ܠܗ ܠܢܦܩ ܡܬܚܫܚܐ ܡܢ: ܒܡ

ܡܫܬܥܝܢ ܒܫܘ̈ܥܝܐ ܣܪ̈ܝܩܐ ܘܒܡܘܪܐ ܕܠܐ ܕܟܫܪ. ܢܗܘܘܢ ܒܙܘܥܐ. ܟܕ ܡܗܒܝܢ ܬܫܒܘܚܬܐ ܠܐܠܗܘܢ. ܟܕ ܐܡܪܝܢ. ܕܡܒܪܐ ܐܝܬ ܠܗ̇ ܕܦܠܚ ܒܕܚܠܬܐ ܠܐܠܗܐ

[XVIII.] ܡܢ ܟܠܗ ܠܒܗ. ܘܐܦ ܚܢܢ ܗܟܝܠ ܐܚܝ̈. ܢܗܘܐ ܡܢ ܗܠܝܢ ܕܚܕܝܢ ܘܡܫܡܠܝܢ ܠܫܒܘܚܬܐ: ܡܢ ܗ̇ܢܘܢ ܕܦܠܚܘ ܒܕܚܠܬܐ ܠܐܠܗܐ. ܘܠܐ ܡܢ ܪ̈ܫܝܥܐ ܕܡܬܕܡܝܢ... ܐܦ ܓܝܪ ܐܢܐ ܕܐܢܬܘ ܫܠܝܬܐ ܒܟܠܗܝܢ: ܘܠܐ ܒܕܒܝܠ ܦܠܛ ܐܢܐ ܡܢ ܢܣܝܘܢܐ: ܐܠܐ ܒܕܒܝܠ ܐܢܬܘ ܒܢܝܬ ܐܘܪ̈ܓܢܐ ܕܐܟܠܡܢܝ̈ܐ. ܣܢܝܩ ܐܢܐ ܠܡܪ̈ܕܦ ܒܬܪ ܕܡܫܘܬܐ. ܐܝܟܢܐ ܕܐܬܒܢܝ ܐܦ ܒܦܘܪܢܣܬܗ̇ ܐܝܟ ܕܗܘܐ:

ܟܕ ܕܢܦܠ ܐܢܐ ܡܢ ܕܒܢܝܐ ܕܟܬܒ̈ܐ. ⁘ ܦܘܪܫܐ ܕܗܘܐ ܒܟܪܟܐ.

[XIX.] ܕܒܗ̇ ܕܒܬܪ ܦܝܣܬܐ. ܡܕܝܢ ܐܚܝ̈ ܘܐܚܘ̈ܬܝ. ܡܢ ܒܬܪ ܐܠܗܝ. ܡܦܣܩܘܬܐ ܐܡܝܢܐܝܬ ܡܬܒܝܢܘܬܐ ܕܠܗ ܕܡܪܝܐ ܩܪܐ ܐܢܐ ܘܡܕܟܪ ܠܟܘܢ ܗ̇ܝ ܕܬܫܒܘܚܘܢ ܒܗܠܝܢ ܕܡܬܒܢܝܢ. ܐܝܟܢܐ ܕܐܦ ܠܢܦܫܟܘܢ ܬܫܬܘܕܘܢ. ܐܦ ܠܝ ܕܩܪܐ ܐܢܐ ܠܟܘܢ ܡ̈ܠܐ ܕܐܠܗܐ. ܐܓܪܐ ܓܝܪ ܥܡܠ ܐܢܐ ܠܟܘܢ. ܕܬܬܒܢܘܢ ܡܢ ܟܠܗ ܠܒܟܘܢ: ܟܕ ܦܘܪܩܢܐ ܘܚܝ̈ܐ ܐܢܬܘܢ ܠܟܘܢ ܢܗܘܘܢ ܐܢܬܘܢ. ܟܕ ܗܕܐ ܓܝܪ ܥܒܕܝܢ. ܢܟܐ ܠܟܠܟܘܢ ܦܬܓܡ̈ܐ ܦܩܘܕܝܢ: ܗ̇ܢܘܢ ܕܢܛܪܝܢ ܕܡܛܠ ܥܡܪܘܬ ܕܝܠܬܐ ܘܡܫܡܫܢܘܬܐ ܕܐܠܗܐ ܢܣܒܘܢ ܙܟܘܬܐ ܒܟܠܫܐ. ܘܠܐ ܠܐ ܗܘܝܐܝܬ ܢܗܘܐ ܐܝܬ ܠܝ ܘܢܬܚܫܒ ܘܢܬܠܛ ܐܝܟ ܗ̇ܢܘܢ ܠܐ ܫ̈ܡܥܢܐ: ܐܝܟܢܐ ܕܐܢܫ. ܢܦܬܐ ܠܝ ܘܢܦܩܬܐ ܠܝ ܡܢ ܓܒܠܐ ܠܡܫܘܚܬܐ. ܐܝܬ ܓܝܪ ܐܢܫܐ ܕܒܗ ܒܝܬ̈ܐ ܦܪ̈ܝܫܝܢ. ܠܐ ܢܕܚܠܝܢ: ܡܛܠ

11, 12 This rubric has been added on the margin.

13 Cod. ܒܬ̇ ܪ̈.

ܐܠܨܢܝ ܒܦܘܪܫܢܐ ܐܝܬ ܠܝ ܕܐܡܪ ܗܕܐ ܠܡܐܡܪ: ܗܘ ܕܐܡܪ ܡܢ ܦܬܓܡܐ ܢܬܠܘܦ ܘܢܬܐܪܐ. ܒܡܡܠܐ ܬܐܘܪܝܬ: ܕܢܦܫܐ ܕܡܢ ܒܗܘ ܢܕܥܐ ܠܐܠܗܐ: ܠܐ ܙܥܘܪ ܕܬܐܒܗ. ܠܡܦܩ ܡܫܒܠ ܣܡ ܠܝ: ܕܐܡܪ ܠܗܘܢ ܕܡܫܒܠܝܢ ܠܡܫܡܫܘ ܠܘܬ ܝܕܥܬܐ: ܐܝܟܢܐ ܕܬܬܦܪܫ ܒܗ̇. ܘܦܪܫܐ ܠܫܪ̈ܪܐ ܘܪܙܬܐ. ܘܠܐ ܒܠܚܘܕ ܗܕܐ ܠܡܬܒܥ ܕܢܬܬܠܝܢ ܘܡܗܝܡܢܝܢ ܒܗ̇ ܡܬܬܪ̈ܬܝܢ ܡܢ ܡܫ̈ܢܝܐ. ܐܠܐ ܐܦܬܘ ܕܠܒܝܬܐ ܠܡܬܦܪܥ ܘܢܦܩܐ ܡܢ ܒܠܗܝܢ. ܢܬܒܥܘܢ ܠܦܘܪܫܢܐ ܕܒܪ̈ܝܬܐ. ܘܠܐ ܠܡܬܗܘܐ ܘܢܫܬܪ ܒܬܓܡܬܐ ܒܠܬܚܘܡܬܐ. ܐܠܐ ܒܗ ܗܡܝܡܢܘܬܐ ܡܢܒܠܝܢ. ܢܗܘܐ ܠܡܬܡܫܠܘ ܒܦܘܪ̈ܫܢܐ ܕܡܢܗܘܢ. ܐܝܟܢܐ ܕܒܗ ܒܠ ܗܘ ܒܗ ܡܬܪܒܝܢ. ܠܗܘܐ ܐܝܬܝܢ ܕܐܡܝܪܐ ܒܫܡܝܢ ܠܫܢܝܐ. ܐܦܠܐ ܒܪ ܡܢܗܘܢ: ܐܬܐ ܐܢܐ ܠܡܒܣܡܘ ܠܒܠܗܘܢ ܒܢ̈ܝܢܫܐ. ܫܪ̈ܒܬܐ ܘܠܫܢ̈ܐ. ܗܕܐ ܕܝܢ ܐܡܪ. ܒܠ ܡܢܡܐ ܕܕܒܝܩܝܢ: ܐܡܬܝ ܕܢܐܬܐ ܘܢܦܪܘܩ ܠܝ: ܠܒܠܗ ܐܝܟ ܒܪ̈ܢܫܐ ܕܒܠܗ: ܘܫܪܘܢ ܫܒܝܩܘ ܒܡܘܢܢܐ ܘܐܘܚܕܢܐ ܠܐ ܡܫܪܝܢܐ ܘܢܬܒܣܡܘܢ: ܒܗ ܢܕܥܝܢ ܠܡܠܟܘܬܗ ܕܒܠܒܐ ܗܢܐ. ܘܗܕܝܢ ܠܐܡܪܝܢ ܕܗܘ ܠܝ ܕܐܢܬ ܐܬܝܬ ܗܘܘܬ ܘܠܐ ܢܕܥܝܢ ܗܘܘ. ܘܠܐ ܡܗܝܡܢܝܢ ܗܘܘ. ܘܠܐ ܡܬܬܦܫܝܢ ܗܘܘ ܠܡܫ̈ܝܚܐ ܫܘܒܚܐ ܕܡܘܕܝܢ ܗܘܘ ܠܝ ܡܚܠ ܦܘܪܩܢ. ܘܬܬܠܒܫܘܢ ܠܐ ܬܬܒܥܘܢ. ܘܢܘܪܗܘܢ ܠܐ ܬܕܥܝܢ. ܘܢܗܘܘܢ ܠܫܪܬܐ ܠܒܠܗܘܢ. ܠܗܠܝܢ ܗܘ ܕܕܝܢܐ ܐܡܪ. ܐܡܬܝ ܕܢܣܒܘܢ ܠܟܠܗܘܢ ܕܡܢ ܐܪܥܐ: ܘܐܬܠܒܫܘ ܒܦܘܪܫܢܐ ܕܡܫܒܚ ܡܫܝܚܐ. ܘܕܡܟܐ ܕܡܢ ܟܠܗܘܢ ܕܗܦܟܘ ܥܦܪ ܒܪܘܒܪ̈ܝܗܘܢ ܘܡܫܒܪܘ ܫܒܪܐ: ܘܡܟܝܠ ܠܗܢܐܘܬ ܫ̈ܒܐ ܕܢܦܫܐ. ܐܡܬܝ ܕܢܣܒܘܢ ܠܟܠܗܘܢ ܕܒܗܘ ܘܡܦܪܘ ܒܡܫܒܚ ܐܘ ܒܗ ܬ̈ܠܝܐ ܐܘ ܒܗ ܒ̈ܢܝܐ: ܕܐܡܝܢܐ

ܐܠܗܐ ܗܘ ܕܐܡܪ: ܕܒܪ ܒܚܝܠ ܡܟܠܠ ܐܢܬ: ܐܡܪ ܗܐ ܐܢܐ ܦܪܘܩ ܐܢܐ. ܗܕܐ ܓܝܪ ܡܠܬܐ. ܕܒܗܠܝܢܐ ܪܒܐ ܐܝܬܝܗ̇ ܐܬܬܐ. ܕܢܛܪ ܓܝܪ ܡܠܬܗ ܡܪܘܝܐ ܐܡܪ ܗܘ ܠܗ: ܠܘܬ ܗ̇ܝ ܕܢܬܠ ܫܐܠܬܗ ܕܗ̇ܘ ܕܫܐܠ ܠܗ. ܀ ܒܪ ܗܟܝܠ ܒܗ̇ ܒܒܣܝܡܘܬܐ ܘܦܠܚܘܬܐ ܕܐܠܗܐ ܡܬܒܣܡܝܢ. ܠܐ ܢܣܒܘܢ ܚܝܠ ܡܢ ܠܡܬܗܦܟܘ ܥܡ ܒܬ̈ܘܠܬܐ ܕܐܝܟ ܗܠܝܢ. ܐܝܟ ܓܝܪ ܗܝܡܢܘܬܐ ܕܐܝܬ ܠܗܝܢ ܠܛ̈ܠܝܐ ܗܠܝܢ ܠܗܠܝܢ ܕܚܒܪܘ ܐܢܝ. ܒܠܗ ܗܢܐ ܣܘܥܪܢܐ ܐܝܬ

[XVI.] ܒܗܘܢ: ܠܗ̇ܘܢ ܕܠܐ ܥܒܕܘ. ܡܕܡ ܐܚܪ̈ܝ ܢ̈ܒܥܐ ܒܪ ܒܠܬܐ ܢܫܒܘܩ ܠܗ ܕܒܘܪܬܐ ܠܘܬ ܗ̇ܘ ܕܢܬܒ̈ܥ. ܒܪ ܕܒܢܐ ܐܢܬ ܠܝ: ܢܬܒܥܐ ܠܘܬ ܐܠܗܐ ܗܘ ܕܒܪܐ ܠܝ. ܒܪ ܐܢܬ ܠܝ ܐܒܐ ܕܡܫܟܠ ܠܝ. ܐܝܟ ܓܝܪ ܒܫ̈ܘܚܬܐ ܗܠܝܢ ܢܡܘܪ: ܘܠܒܫ ܢܒܥܐ ܒܪ ܠܐ ܚܒܪܝܢ ܬܚܘܬܗ̇ ܒ̈ܢܬܗ. ܢܬܗܘܦ ܒܝ̈ܕܝܗܘܢ ܕܓܒܪ̈ܐ ܥܘܕ ܡܥܫܝܢܐ. ܕܒܘ ܕܝ ܕܗܢ ܒܪܘ. ܐܬܬܐ ܠܗ ܡܘܒܐ ܕܕܒܝܐ ܐܝܟ ܬܘܪܐ ܕܢܦܫ.. ܘܢܬܓܠܠܘܢ ܒܫܘܪܝ ܕܫܒܝܐ. ܘܟܠܗ ܐܪܒܐ ܐܝܟ ܐܒܘܪܐ ܕܒܠ ܢܘܪܐ ܡܬܦܫܪ: ܘܗܝܕܝܢ ܢܬܓ̈ܠܝܢ ܕܫܬܝܬܐ ܘܚܒܪ̈ܐ ܟܠܗܐ ܕܒܝܫ̈ܐ. ܀ ܡܕܡ ܕܦܠܚܐ ܗܟܝܠ ܐܢܬܝ̇ ܡܪܚܡܢܘܬܐ. ܐܝܟ ܬܘܒܢܘܬܐ ܕܗܢ ܚܦܝܛܬܐ. ܦܠܓ ܝܘܡܐ. ܝܠܘܬܐ. ܡܪܚܡܢܘܬܐ ܕܝܢ: ܦܠܓܐ ܡܢ ܬܪܝܗܘܢ. ܣܒܪܐ ܕܝܢ: ܡܢܦܩܐ ܫܘܓܐܐ ܕܫܦܠܗܐ. ܝܠܘܬܐ ܕܝܢ ܕܗܢ ܬܐܪܬܐ ܦܠܓܘܬܐ. ܡܢ ܡܗܘܬܐ ܡܦܝܓܐ. ܦܠܓܗܘܢ ܠܟܠ ܚܕ ܕܢܬܒܣܡ ܒܗܠܝܢ ܡܫܬܡܠܝܐ.

[XVII.] ܡܪܚܡܢܘܬܐ ܓܝܪ ܒܡܝܓܪܐ ܕܫܦܠܗܐ ܗܘ̇ܝܐ. ܢܬܘܒ ܗܟܝܠ ܡܢ ܟܠܗ ܠܒܢ. ܐܝܟܢܐ ܕܠܐ ܐܢܫ ܡܢܢ ܢܐܒܕ.

17 Cod. ܕܝܢ ܗ̇ܘܘ.

ܐܡܿܪܝܢ ܠܗ̇ ܕܐܝܬܘܗ̇ܝ. ܐܠܐ ܡܢ ܠܟܠ. ܐܝܬܘܗ̇ܝ ܗܘܬ ܒܪ ܢܘܣܚܬܐ. ܐܦ ܒܪܗ̇ ܕܝܢ ܐܝܬܘܗܝ ܢܘܣܚܐ. ܗܘ̇ ܕܐܝܬܘܗܝ ܥܡܗ ܡܫܝܚܐ ܡܢܝ̱. ܐܬܓܠܝ ܕܝܢ ܒܫܪܬܐ ܕܒ̈ܢܝܐ ܐܢܫܝܐ ܕܠܐ ܢܦܘܩ... ܒܕܘܟܬܐ ܕܝܢ ܕܒ ܢܘܣܚܬܐ ܐܝܬܘܗ̇ܝ ܗܘܬ. ܐܬܓܠܝܬ ܒܒܣܪܐ ܕܡܫܝܚܐ. ܒܗ ܡܫܘܕܥܐ ܠܝ. ܕܐܢܐ̱ ܐܢܫ ܡܢ ܦܓܪܗ ܒܒܣܪܗ ܘܠܐ ܢܚܙܝܘܗܝ. ܢܣܒܠܘܗܝ ܒܢܘܗܪܐ ܘܕܝܢܐ. ܒܒܣܪܐ ܒܪ ܗܘܝ. ܦܘܪܣܢܐ ܐܝܬܘܗܝ ܕܢܘܗܪܐ. ܠܐ ܐܢܫ ܗܟܝܠ ܕܡܫܒܠ ܠܗܘ ܦܘܪܣܢܐ: ܡܫܬܘܬܦ ܠܗܘ ܬܦܢܝܬܐ ܘܕܝܢܐ. ܐܪܐ ܗܟܝܠ ܗܕܐ ܗܝ ܕܐܡܪ ܐܢܫ.. ܕܦܓܪܘ ܒܒܣܪܐ ܐܡܝܢܐ ܕܬܫܬܘܬܦܘܢ̱ ܠܢܘܗܪܐ. ܐܝܕܝܢ ܐܡܪܝܢ ܕܒܒܣܪܐ ܒܕܘܟܬܐ ܐܝܬܘܗܝ: ܘܢܘܗܪܐ ܡܫܝܚܐ. ܐܪܐ ܗܟܝܠ ܗܘ ܕܢܦܪܘܫ ܠܒܣܪܐ ܕܝܠܗ. ܢܦܪܘܫ ܠܒܣܪܐ ܕܡܫܝܚܐ ܠܕܘܟܬܐ. ܗܘ ܗܟܝܠ ܕܕܐܡܝܢ ܗܘܝܘ. ܠܐ ܢܫܬܘܬܦ ܠܢܘܗܪܐ: ܗܘ ܕܐܝܬܘܗܝ ܡܫܝܚܐ. ܠܕܐܡܝܢ ܗܠܝܢ ܫ̈ܢܝܐ ܘܠܐ ܡܗܝܡܢܘܬܐ ܡܢܝܢܐ ܡܫܬܘܬܦ ܒܒܣܪܐ ܗܘܝܘ. ܒܗ ܢܗܘܐ ܢܦܩ ܠܗ ܢܘܗܪܐ ܘܕܝܢܐ. ܘܠܐ ܠܡܐܡܪ ܐܢܫ ܡܫܬܡܥ ܘܠܐ

[XV.] ܠܡܬܚܙܝܘ: ܗܠܝܢ ܕܐܬܝܗܒ ܡܢܗܘܢ ܠܚ̈ܝܐ ܕܝܠܗ. ܠܐ ܦܩܪ ܐܢܫ ܕܝܢ ܕܒܠܥܘܡܬܐ ܘܒܘܪܬܐ ܚܒܝܫ ܠܒܗܘܢ̱ ܡܛܠ ܒܢܝܘܬܐ: ܗܝ ܕܒܗ ܢܒܥܝܘܗ ܐܢܫ ܠܐ ܢܬܬܐ ܘܢܬܘܒ: ܐܠܐ ܐܦ ܢܦܫܗ ܢܥܘܠ: ܐܦ ܠܝ ܗܘ ܕܒܠܥܬ. ܐܬܓܪܐ ܒܪ ܠܐ ܐܝܬܘܗܝ ܒܥܘܪܐ: ܕܢܦܫܐ ܕܓܒܝܢܐ ܘܐܡܪܕܐ ܠܡܦܫܘ ܠܗܬ ܗܝ ܕܬܬܦܪܩ. ܗܢܐ ܒܪ ܦܘܪܩܢ ܐܬܓܪܐ ܐܝܬ ܠܝ ܠܡܦܪܥ ܠܐܠܗܐ ܗܘ ܕܦܪܩܐ ܠܝ. ܐܝܟܢܐ ܕܗܘ ܒܝܬ ܕܐܡܪܝܢ ܘܗܘ ܕܫܡܥ: ܒܗ ܡܚܒܐ ܘܒܗ ܗܝܡܢܘܬܐ: ܐܦ ܢܐܡܪ ܐܦ ܢܫܡܥ. ܢܛܪ ܗܟܝܠ ܒܗܠܝܢ ܕܗܝܡܢܝܢ ܕܥܒܕܐ ܘܫ̈ܒܩܢܐ. ܐܡܝܢܐ ܕܒܗ ܦܐܪܪܘܣܝܐ ܢܫܐܠ ܡܢ

ܡܬܪܓܙ ܡܫܬܠܛܝܢ ܥܠ ܥ̈ܒܕܐ. ܘܬܘܒ. ܗܘ ܠܘܬ ܕܡܫܬܠܛܗ ܡܬܪܓܙ ܝܬܝܪ. ܟܡܐ ܕܝܢ ܡܬܪܓܙ. ܒܗܝ ܕܠܐ ܟܒܕܝܢ ܗܠܝܢ ܕܐܡܪܝܢ ܣܢ. ܥ̈ܒܕܐ ܓܝܪ ܟܕ ܥܒܕܝܢ ܡܢ ܦܘܡ ܟ̈ܠܒܐ ܕܐܠܗܐ. ܐܝܟ ܕܡ̈ܫܠܛܢܘܬܐ ܘܪ̈ܘܪܒܘܬܐ ܡܬܕܒܪܝܢ ܒܗܝܢ. ܡܬܪܓܙܝܢ ܕܝܢ ܟܕ ܢܐܠܨܘܢ ܒܥ̈ܕܪܐ ܕܝܠܝ: ܕܠܐ ܐܝܬܝܗܘܢ ܕܥܩܝܢ ܠܟܠܝܢ ܗܠܝܢ ܕܐܡܪܝܢ. ܡܢ ܗܪܟܐ ܠܫܘܪܝܐ ܡܬܗܦܟܝܢ. ܟܕ ܐܡܪܝܢ. ܕܡܬܚܠܐ ܡܕܡ ܕܒܝܫܐ ܐܝܬܝܗܝܢ ܘܠܚܫܘܬܐ. ܐܡܬܝ ܓܝܪ ܕܥ̈ܒܕܝܢ ܡܢܢ ܕܐܡܪ ܐܠܗܐ: ܕܠܐ ܐܝܬ ܠܟܘܢ ܫܠܡܘܬܐ ܥܡ ܙ̈ܢܝܢ ܐܢܬܘܢ ܠܢܦܫܟܘܢ ܕܙ̈ܢܝܢ ܠܟܘܢ: ܐܠܐ ܗܘܝܢ ܐܝܬ ܠܟܘܢ ܫܠܡܘܬܐ ܥܡ ܩ̈ܢܝܢ ܐܢܬܘܢ ܠܟܠܕܒܒܐ ܕܠܟܘܢ ܘܠܢܦܫܟܘܢ ܕܩ̈ܢܝܢ ܠܟܘܢ. ܗܠܝܢ ܐܡܬܝ ܕܥ̈ܒܕܝܢ ܛܥܡܝܢ ܘܡܬܕܒܪܝܢ ܒܡܫܠܡܢܘܬܐ ܕܫܠܡܘܬܐ. ܐܡܬܝ ܕܝܢ ܕܚܝܠܝܢ: ܕܠܘ ܒܠܚܘܕ ܠܢܦܫܟܘܢ ܕܩܢܝܢ ܠܝ ܠܐ ܪ̈ܚܡܝܢ: ܐܠܐ ܐܦܠܐ ܠܢܦܫܟܘܢ ܕܪ̈ܚܡܝܢ ܠܝ. ܡܬܚܫܒܝܢ ܗܘ. ܡܬܪܓܙ ܗܟܢ ܥܒܕܐ ܕܡܫܝܚܐ.

[XIV.] ܡܕܡ ܐܚܪܢ. ܟܕ ܟܒܕܝܢ ܪܘܓܙܐ ܕܐܒܐ ܕܝܠܝ ܐܠܗܐ. ܢܦܩܐ ܡܢ ܒܝܬܐ ܗܘ ܡܬܒܗܬܐ: ܗܘ ܪܘܫܥܘܬܐ: ܗܘ ܕܡܕܡ ܥܩܬܐ ܘܦܘܪܫܐ ܐܬܦܪܫܬ: ܐܝܟܢ ܠܐ ܢܥܒܕ ܪܘܓܙܐ ܕܡܪܝܐ. ܢܦܘܩ ܡܢ ܗܠܝܢ ܕܡܬܒܥ ܒܠܒܗܘܢ: ܕܢܦܩܐ ܒܒܝܬܐ ܕܝܠܝ ܡܫܪܬܐ ܕܠܫܦܠܘܬܐ. ܡܕܡ ܐܚܪܢ. ܢܣܒ ܕܡܢ ܒܝܬܐ ܕܢܫܐ ܢܦܩܐ ܐܝܬܝܗ ܐܝܟܢܐ ܕܢܬܒܪܘ. ܠܐ ܕܝܢ ܗܟܢ ܐܝܟܐ ܒܠܒܗܘܢ ܕܢܦܫܐ ܠܟܘܢ: ܕܒܝܬܐ ܣܘܬܐ: ܦܓܪܐ ܐܝܬܘܗܝ ܕܡܫܝܚܐ ܐܡܪ ܓܝܪ ܡܫܝܚܐ. ܕܒܒܪ ܐܠܗܐ ܠܒܪܢܫܐ ܕܡܢܝ ܘܢܡܚܬܐ. ܗܘ ܕܒܢܐ ܐܝܬܘܗܝ ܡܫܝܚܐ. ܘܗܘ ܢܡܚܬܐ ܐܝܬܘܗܝ ܒܒܝܬܐ. ܘܐܦ ܟܬܒܐ ܕܢܒܝܐ ܘܐܦ ܫ̈ܠܝܚܐ. ܠܒܝܬܐ ܠܘ ܗܟܢܐ

ܢܗܘܠ ܠܡܠܟܘܬܟ ܘܢܦܠ ܬ̈ܚܠܬܢܐ: ܡܛܠ ܕܡܢܝܢܐ ܠܐ ܒܝܬ: ܘܐܕܪܢܐ ܠܐ ܥܒܕܬ: ܘܐܦܠܐ ܟܠ ܠܒܐ

[XII.] ܕܒܪܝܫܐ ܗܝܡܢ. ܢܦܩܐ ܗܝܠ ܒܡܠܟܐ ܠܡܠܟܘܬܐ ܕܐܠܗܐ ܒܫܘܒܚܐ ܘܒܪܝܡܘܬܐ. ܡܛܠ ܕܠܐ ܢܪܚܡ ܠܗܘܒܐ ܕܕܝܢܗ. ✤ ܟܕ ܓܝܪ ܐܫܬܐܠ ܗܘ ܡܪܢ ܡܢ ܐܢܫ ܡܢ ܦ̈ܪܝܫܐ: ܕܠܐܡܬܝ ܐܬܝܐ ܡܠܟܘܬܗ. ܐܡܪ: ܐܡܬܝ ܕܢܗܘܘܢ ܬܪܬܝܗܘܢ ܚܕܐ: ܘܗܝ ܕܠܒܪ ܐܝܟ ܗܝ ܕܠܓܘ: ܘܕܟܪܐ ܥܡ ܢܩܒܬܐ: ܠܐ ܕܟܪܐ ܘܠܐ ܢܩܒܬܐ: ܐܠܐ ܬܪܝܗܘܢ ܚܕ ܐܝܬܝܗܘܢ. ܐܡܬܝ ܕܢܡܠܠ ܚܕ ܥܡ ܫܪܪܐ: ܘܗܘܝܢ ܦ̈ܓܪܝܢ ܕܠܐ ܢܟܠܐ ܘܕܠܐ ܡܫܩܠ ܒܐܦ̈ܐ ܬܗܘܐ ܢܦܫܐ ܚܕܐ: ܘܗܝ ܕܠܓܘ ܐܝܟ ܗܝ ܕܠܒܪ. ܗܕܐ ܐܡܪ. ܗܝ ܕܠܓܘ. ܠܢܦܫܐ ܐܡܪ. ܗܘ ܕܝܢ ܕܠܒܪ ܠܦܓܪܐ. ܐܝܟ ܙܢܐ ܗܝܠ ܕܦܓܪܐ ܕܠܝܟ ܡܬܚܙܐ. ܗܟܢܐ ܐܦ ܢܦܫܟ ܡܕܒܪܬܐ ܘܓܠܝܬܐ ܬܗܘܐ ܒܥ̈ܒܕܐ ܛ̈ܒܐ. ܘܗܝ ܕܕܟܪܐ ܥܡ ܢܩܒܬܐ: ܘܠܐ ܕܟܪܐ ܘܠܐ ܢܩܒܬܐ. ܗܕܐ ܗܘ ܕܐܡܪ. ܐܝܟܢܐ ܕܐܢܫܐ ܟܕ ܚܙܐ ܚܛܗ. ܠܐ ܡܕܡ ܢܩܒܬܐ ܢܬܪܥܐ ܒܡܠܬܗ: ܐܦܠܐ ܟܕ ܚܛܐ ܬܚܙܐ ܠܐܢܫܐ: ܬܬܪܥܐ ܡܕܡ ܕܒܪܢܫܐ ܒܡܠܬܗ. ܟܕ ܗܠܝܢ ܐܡܪ ܚܒܝܒܝ ܐܚܝ̈ܢ. ܬܐܬܐ

[XIII.] ܡܠܟܘܬܗ ܕܐܒܘܢ. ✤ ܐܚܝ̈. ܐܡܬܝ ܕܗܘ ܡܢ ܟܕܘ ܢܬܘܒ. ܢܬܬܟܪ ܠܘܬ ܬܝܒܘܬܐ. ܬ̈ܫܒܚܬܐ ܓܝܪ ܐܢܬܝܢ ܕܡܫܝܢܘܬ ܗܘܢܐ ܘܦܬܝܟܘܬܐ ܘܕܒܝܫܘܬܐ. ܢܫܝܢܐ ܡܢ ܠܬܚܘܬܐ ܦܓ̈ܪܢܝܐ. ܘܟܕ ܬܬܝܒܘܢ ܘܡܢ ܢܦܫܐ ܡܬܬܘܡܝܢ ܢܬܦܩܘܢ. ܘܠܐ ܢܗܘܐ ܦ̈ܓܪܐ ܠܚܫ̈ܝܫܐ. ܐܦܠܐ ܢܒܥܐ ܕܚܕ ܠܟ ܢܒܥܪ ܒܠܒܗ. ܐܠܐ ܐܦ ܠܚܫ̈ܝܫܐ ܗ̈ܘܘ ܕܠܒܪ ܒܪܝܡܘܬܐ. ܐܝܟܢܐ ܕܫܟܝܢܐ ܕܡܪܢܐ ܠܐ ܢܬܚܠܦ ܡܠܬܗܘܢ. ܐܡܪ ܓܝܪ ܐܦ ܡܪܢ. ܕܟܠܗܘܢ ܫܟܒ

ܒܪ ܕܠܬܬܝ ܠܐ ܐܝܬ ܠܕܘܟܬܐ ܠܡܥܡܕܘ ܒܢܝܢܫܐ: ܗܠܝܢ ܕܟܕܘܢ ܠܕܝܠܬܐ ܐܢܫܬܐ: ܒܪ ܦܘܠܘܣ ܟܬܒ ܗܠܝܢ ܒܡܫܟܐ ܕܡܪܟܐ: ܐܘ ܡܫܠܚܢܐ ܗܘ ܕܒܬܘ. ܠܐ ܒܪ ܢܕܟܝ ܕܕܐܡܪ ܐܢܫܐ ܬܫܒܘܚܬܐ ܐܝܬ ܠܗ ܠܡܫܟܐ ܕܡܪܟܐ: ܘܕܐܡܪ ܐܢܫܐ ܒܡܫܟܐ ܐܝܬ ܠܗ ܠܡܫܠܚܢܐ ܗܘ ܕܒܬܘ. ܘܐܠܘ ܓܝܪ ܗܢܘܢ ܒܠܗܘܕܝܗܘܢ ܐܝܬܝܗܘܢ ܗܘܘ ܕܗܠܝܢ ܦܟܪܝܢ: ܐܝܬ ܗܘܐ ܠܗܘܢ ܒܪ ܢܦܫܐ. ܗܫܐ ܕܝܢ ܡܟܝܠ ܒܪ ܐܝܬܝܗܘܢ ܫ̈ܠܝܚܐ ܕܒܢܫܬܐ ܠܢܦܫܬܐ ܗܠܝܢ ܦܘܪܫܬܐ ܘܕܠܐ ܒܕܠܝ: ܒܪ ܠܐ ܢܕܟܝ ܕܕܝܢܐ ܒܡܦܩܐ ܐܝܬ ܠܗܘܢ: ܠܗܘܢ ܒܢܝܬ ܘܠܐܢܫܝܢ

[XI.] ܕܥܡܟܝܢ ܠܗܘܢ. ܚܝ ܗܟܝܠ ܒܠܒܐ ܕܒܢܐ ܢܦܠܫ ܠܐܠܗܝ ܘܢܗܘܐ ܕܕܝܢܐ. ܐܟܙܢ ܠܐ ܢܫܡܥ: ܡܛܠ ܗܘ ܕܐܦ ܗܘܐ ܠܝ ܕܢܫܡܥ ܠܡܫܠܚܢܐ ܕܐܠܗܝ. ܡܪܬܐܝܬ ܕܥ̈ܠܐ ܢܗܘܐ ܐܢܬܝܢ. ܐܚܪܬܐ ܒܪ ܐܦ ܡܠܬܐ ܢܒܥܬܝ. ܕܕ̈ܥܐ ܐܢܘܢ ܗ̈ܢܘܢ ܕܐܝܬܝܗܘܢ ܬܪ̈ܝܢ ܢܦܫܐ: ܗ̈ܢܘܢ ܕܡܬܦܫܩܝܢ ܒܠܒܗܘܢ: ܗ̈ܢܘܢ ܕܐܟ̈ܬܒܝܢ: ܕܗܠܝܢ ܡܢ ܩܕܡ ܥܡܟܝܢ ܗܘܝܢ ܡܢ ܐܒܗ̈ܝܢ: ܚܝ ܕܝܢ ܒܪ ܡܘܡܐ ܡܢ ܡܘܡܐ ܡܡܫܟܢܝܢ: ܘܠܐ ܡܕܡ ܡܢ ܗܠܝܢ ܝܕܥܐ ܠܝ. ܦ̈ܠܓܐ ܘܡܫܬ̈ܝ ܙܒܢܝ. ܦܫܡܗ ܢܦܩܘܢ ܠܡܫܐ. ܗܡܗ ܠܟܘܢ ܬܫܒܘܚܬܐ ܠܓܒܘܬܐ. ܡܕܡܐܝܬ ܥܕܡܐ ܠܬܦܫ. ܒܬܪܟ ܢܘܪܟܐ ܗܘܐ. ܡܢ ܒܬܪ ܗܠܝܢ ܒܫܬܐ. ܒܬܪܟ ܬ̈ܠܒܐ ܕܡܫܡܘ ܠܗܝ. ܗܒܝܒܝ ܐܦ ܒܥܒܐ ܕܝܠܝ. ܡܕܡܐܝܬ ܕܘ̈ܕܐ ܘܐܘ̈ܠܨܢܐ ܗܘܘ ܠܗ: ܒܬܪܟ ܢܦܠ ܠܓܒܬܐ. ܀ ܡܕܡ ܐܚܪܝ: ܠܐ ܢܗܘܐ ܬܪ̈ܝܢ ܢܦܫܐ. ܐܠܐ ܒܪ ܡܫܒܪܢܝܢ ܢܗܒܝ ܘܐܓܪܬܐ ܢܦܩ. ܡܗܝܡܢ ܗܘ ܒܪ ܗܘ ܕܡܠܟܝ: ܕܦܘܪܡ ܐܓܪܬܐ ܕܟ̈ܬܒܘܗܝ ܢܦܘܩ ܠܒܠܝܥ. ܐܢ ܗܟܝܠ ܢܒܥܐ ܕܢܦܩܬܐ ܡܕܡ ܐܠܗܝ.

ܕܚܝܐ: ܘܠܚܬܡܐ ܕܠܐ ܡܬܚܒܠ. ܐܝܟܢܐ ܕܢܩܒܠ ܚܝܐ ܕܠܥܠܡ. [IX.] ܘܠܐ ܢܐܡܪ. ܐܦܠܐ ܐܢܫ ܡܢܟܘܢ: ܕܒܣܪܐ ܗܢܐ ܠܐ ܡܬܬܕܝܢ ܐܦܠܐ ܩܐܡ. ܕܥܘ ܒܡܢܐ ܐܬܦܪܩܬܘܢ. ܒܡܢܐ ܐܬܦܬܚܬ ܚܙܘܬܟܘܢ: ܐܠܐ ܐܢ ܒܗ ܒܒܣܪܐ ܗܢܐ ܐܝܬܝܟܘܢ. ܙܕܩ ܠܢ ܗܟܝܠ. ܕܐܝܟ ܗܝܟܠܐ ܕܐܠܗܐ ܢܛܪ ܠܒܣܪܐ. ܐܝܟܢܐ ܓܝܪ ܕܒܒܣܪܐ ܐܬܩܪܝܬܘܢ: ܘܒܒܣܪܐ ܐܬܝܢ ܐܢܬܘܢ ܡܚܝܢܐ ܡܪܢ ܐܢ ܚܕ ܐܝܬܘܗܝ ܗܘ ܕܦܪܩ ܠܢ: ܟܕ ܐܝܬܘܗܝ ܗܘܐ ܩܕܡ ܡܩܕܡܝܬ ܪܘܚܐ: ܗܘܐ ܕܝܢ ܒܣܪܐ ܘܗܟܢܐ ܩܪܐ ܠܢ ܟܢ ܐܬܝܬܘܢ ܒܒܣܪܐ. ܗܟܢܐ ܐܦ ܚܢܢ ܒܗܢܐ ܒܣܪܐ ܢܣܒ ܐܓܪܐ. ܢܚܒ ܗܟܝܠ ܠܚܕܕܐ: ܐܝܟܢܐ ܕܢܐܬܐ ܟܠܢ ܠܡܠܟܘܬܐ ܕܐܠܗܐ. ܟܕ ܐܝܬ ܠܢ ܙܒܢܐ ܠܡܬܐܣܝܘ: ܢܬܠ ܢܦܫܢ ܠܐܠܗܐ ܗܘ ܕܡܐܣܐ ܠܢ. ܟܕ ܦܘܪܥܢ ܐܓܪܐ ܢܗܒܝܢ ܠܗ ܐܝܕܐ. ܗܝ ܕܢܬܘܒ ܡܢ ܠܒܐ ܕܟܝܐ. ܝܕܘܥܐ ܓܝܪ ܐܝܬܘܗܝ ܐܠܗܐ ܕܩܕܡ ܗܘܐ ܟܠܗܝܢ: ܘܝܕܥ ܗܠܝܢ ܕܒܠܒܐ ܕܝܠܢ. ܢܬܠ ܠܗ ܗܟܝܠ ܬܫܒܘܚܬܐ. ܠܐ ܒܠܚܘܕ ܡܢ ܦܘܡܢ. ܐܠܐ ܐܦ ܡܢ ܠܒܐ. ܐܝܟܢܐ ܕܐܦ ܠܢ ܢܩܒܠ ܐܝܟ ܕܠܒܢܝܐ. ܐܦ ܓܝܪ ܐܡܪ ܡܪܢ: ܐܚܝ ܗܠܝܢ ܐܝܬܝܗܘܢ: ܐܝܠܝܢ ܕܥܒܕܝܢ ܨܒܝܢܐ ܕܐܒܝ. [X.] ܡܕܝܢ ܐܚܝ ܘܐܚܘܬܝ: ܢܥܒܕ ܨܒܝܢܐ ܕܐܒܘܢ ܕܗܘ ܕܩܪܐ ܠܢ: ܐܝܟܢܐ ܕܢܚܐ. ܘܢܪܕܘܦ ܡܠܝܐܝܬ ܒܬܪ ܡܝܬܪܘܬܐ. ܠܒܝܫܘܬܐ ܕܝܢ ܢܫܒܘܩ: ܐܝܟ ܡܥܠܝܢܐ ܕܚܛܗܐ ܕܝܠܢ. ܘܢܥܪܘܩ ܡܢ ܪܘܫܥܐ ܕܠܡܐ ܬܕܪܟܢ ܠܢ ܒܝܫܬܐ. ܐܢ ܓܝܪ ܢܬܚܦܛ ܕܢܥܒܕ ܛܒܬܐ. ܢܪܕܘܦ ܠܢ ܫܝܢܐ. ܡܛܠܗܕܐ

5 ܒܗ ܒܒܣܪܐ] The ܒ has been inserted above the line.
15 Cod. ܘܠܐ].

ܢܬܓܠܠ. ܘܗܝ̈ ܠܐ ܡܬܚܫܚܢ ܕܟܠܡ ܢܬܓܠܠ. ܐܦ ܠܗܕܒܐ ܕܟܠܠܢ ܢܗܘܐ. ܕܢܕܥ ܕܝܢ ܐܢܫ ܠܝ. ܕܗܘ ܕܐܠܗܘܬܐ ܗ̇ܘ ܡܬܫܚܠܢܐ ܡܬܚܬܬܐ: ܐܝܟ ܗܘ ܕܢܬܚܬܝܢ ܕܡܫܚܠ. ܒܗ ܡܫܚܠܦ ܡܬܚܘܠ ܘܠܒܪ ܡܬܚܘܬܐ ܡܢ ܗܝܠܐܕܘܬܗܘܢ. ܡܢܐ ܦܪܘܫܝܢ ܐܢܬܘܢ. ܗܘ ܕܠܐܠܗܘܬܐ ܕܠܐ ܡܫܬܚܠܘܬܐ ܡܫܚܠ. ܡܢܐ ܢܚܫ. ܕܗܘܝܬܘܢ ܓܝܪ ܐܡܪ ܕܠܐ ܢܛܪܘ ܫܬܡܟܐ. ܬܫܠܡܘܢ ܠܐ ܬܬܡܛܬ. ܘܢܘܪܗܘܢ

[VIII.] ܠܐ ܬܕܥܟܝ. ܘܢܗܘܘܢ ܠܢܬܐ ܠܟܠ ܒܫܪ. ܒܗ ܗܟܝܠ ܐܢܬܘܢ ܥܠ ܐܪܥܐ ܢܗܘܘܢ. ܡܛܠܐ ܓܝܪ ܐܢܬܘܢ ܒܐܝܕܐ ܕܐܘܡܢܘܬܐ. ܐܡܪܝܢܐ ܓܝܪ ܕܦܫܪܐ ܐܝܟ ܢܗܘܐ ܡܐܢܐ ܒܐܝ̈ܕܘܗܝ ܘܢܬܦܬܠ ܐܘ ܢܬܦܬܪ ܗܘܐ ܡܢܕܪܫ ܩܫܝ ܓܒܠ ܠܗ: ܐܝܟ ܢܗܘܐ ܕܟܐܬܘܢܐ ܢܬܚܡܘܗܝ ܘܢܬܦܪܩܗ ܘܢܬܒܥܠ: ܠܐ ܗܘܐ ܡܒܕܪ ܠܗ ܡܕܝܢ. ܗܟܢܐ ܐܦ ܚܝ: ܒܗܢܐ ܕܐܢܬܘܢ ܒܟܠܬܐ ܗܢܐ ܒܒܣܪܐ: ܐܝܟ ܡܕܡ ܡܒܙܪ ܕܟܝܫ: ܢܗܘܘܢ ܡܢ ܟܠܗ ܠܟܘܢ ܐܡܝܢܐ ܕܢܬܦܪܫ ܡܢ ܡܪܝ: ܒܗ ܐܝܬ ܠܝ ܙܒܢܐ ܕܬܡܝܡܘܬܐ. ܡܢ ܒܬܪ ܓܝܪ ܕܢܦܫܝܢ ܡܢ ܒܣܪܐ. ܠܐ ܗܘܝܢ ܡܬܚܫܚܝܢ ܬܘܒ ܠܚܕܕܘ ܥܠ ܣܘܠܩܝ. ܘܠܐ ܕܢܗܘܘܢ ܗܘܝܢ. ܐܡܝܢܐ ܒܬܪ ܕܗܢܐ ܓܒܪܝܢ ܡܕܡ ܐܝܟ ܙܒܢܐ ܕܐܝܟܐ: ܘܠܒܣܪܐ ܕܠܐ ܢܬܪܦܝܢ ܕܟܠܐ: ܘܠܩܘܝܡܐ ܕܡܪ̈ܢ ܢܬܪܦܝܢ. ܢܦܩ ܫܢܐ ܕܠܚܠܡ. ܐܡܪ ܓܝܪ ܡܪܢ ܒܡܒܪܬܐ. ܕܐܝܟ ܗ̇ܝ ܕܒܡܪܝܐ ܠܐ ܢܬܪܦܘܢ. ܗ̇ܝ ܕܪܘܒܐ ܢܓܒܘ ܢܦܠ ܠܒܗ̈. ܐܡܪ ܐܝܢܐ ܠܒܗ̈ ܓܝܪ. ܕܗܘ ܕܐܬܝܗܘܢ ܡܗܝܡܢܐ ܒܗܝ ܕܒܡܪܝܐ. ܐܦ ܒܫܘܚܠܦܬܐ ܡܗܝܡܢܐ ܐܬܝܗܘܢ. ܐܪܐ ܗܟܝܠ ܗܕܐ ܗܝ ܕܐܡܪ. ܛܪܘ ܠܒܣܪܐ

23 Cod. ܘܐܝܬ.

ܒܪ ܡܬܘܪܓܡܢܐ: ܐܝܟ ܐܢܫ ܒܠܗ ܗܢܐ ܒܠܚܘܕܝܐ ܢܐܬܪ:
ܢܦܩ ܕܝܢ ܢܘܟܪ. ܐܝܬܘܗܝ ܕܝܢ ܗܢܐ ܒܠܚܘܕܝܐ ܘܗܘ
ܕܒܬܪܗ: ܬܪܝܢ ܒܒܠܚ̈ܘܕܐ. ܗܢܐ ܐܡܪ ܓܒܪܐ ܘܢܝܫܬܗ
ܒܫܦܝܪ ܘܡܙܠܓܢܘܬܐ. ܗܘ ܕܝܢ ܒܗܠܝܢ ܕܐܡܝܢ ܗܟܢ ܟܦܪ.
ܠܐ ܗܘܠ ܡܫܡܫܝܢ ܕܬܪܝܨܘܗܝ ܢܗܘܐ ܐܝܬܝܢ ܕܫܠܡܐ.
ܘܗܘ ܠܝ ܕܝܢ. ܕܟܕ ܒܗܢܐ ܟܦܪܝܢ: ܒܗܘ ܬܫܡܫ. ܦܟܪܝܢ
ܕܝܢ ܐܢܫ: ܕܡܬܬܪܘܬܐ ܐܝܬܝܗ ܕܗܠܝܢ ܕܗܪܟܐ ܢܦܫܝ.
ܡܛܠ ܕܕܡܬܪܘܬ ܐܝܬܝܗܝܢ ܘܒܗܪܬܐ ܘܒܢ̈ܝ ܘܡܬܬܫܡܠܝܢܘܬܐ.
ܦܠܝܢ ܕܝܢ ܕܠܗܠ ܢܦܫ: ܡܛܠ ܕܠܐ ܡܬܬܫܡܠܝܢܘܬܐ ܐܝܬܝܗܝܢ.
ܟܕ ܒܪ ܟܕܕܝܢ ܡܟܝܠܐ ܕܡܫܡܫܢ. ܢܫܡܫ ܢܢܫܬܐ
ܕܬܗܡ. ܐܢܕܝܢ ܠܝ. ܘܠܐ ܡܟܕܡ ܢܦܩܐ ܡܢ ܬܫܡܫܬܐ
ܕܠܚܠܡ: ܐܝܟ ܢܦܩܝܢ ܡܫܡܫܢܘܬܗ ܡܢ ܦܘܩܕܢܘܗܝ
ܘܢܫܡܠ ܐܢܝܢ. ܐܡܪ ܒܪ ܐܦ ܬܠܬܐ ܕܫܘܡܠܐ:
ܕܐܝܟ ܢܫܡܫܘܢ ܢܗܝ ܘܐܡܘܪ ܘܕܢܫܠܠ: ܠܐ ܢܦܩܘܢ
ܫ̈ܡܫܘܗܝ ܒܡܫܡܫܢܘܬܐ. ܐܢܕܝܢ ܐܦ ܗܠܝܢ ܠܐ ܡܫܡܫܝܢ
ܒܕ̈ܝܢܘܬܐ ܕܠܗܘܢ ܠܡܦܩܝܘ ܠܢ̈ܫܝ. ܣܝܡ ܐܝܟ ܠܐ
ܒܗܝ ܠܡܡܕܡܘܬܐ ܗܝ ܕܢܦܩܝܢ ܕܡܫܬܐ ܘܕܠܐ ܠܘܠܝܢܝ.
ܒܐܝܢܐ ܬܘܟܠܢܐ ܢܗܘܠ ܠܡܠܘܬܐ ܕܐܠܗܐ. ܐܘ ܟܝܢܗ
ܢܗܘܐ ܡܫܡܫܢܐ ܣܠܩܝܢ: ܐܢܫܘ ܕܠܐ ܢܬܡܫ ܕܐܝܬ ܠܝ
[VII.] ܟ̈ܕܪܐ ܫܡܫܐ ܘܟ̈ܐܢܐ. ܡܕܡ ܐܫܝ: ܢܬܟܬܫ. ܟܕ
ܢܟܡܢ. ܕܟ̈ܐܢܝܢ ܐܝܬܘܗܝ ܐܓܘܢܐ. ܘܕܟ̈ܐܓܘܢܐ
ܗܠܝܢ ܡܬܬܟܠܢܝ. ܡܫܡ̈ܫܐ ܡܬܬܟܫܝܢ ܒܗܘܢ. ܐܠܐ
ܠܘ ܒܠܗܘܢ ܡܬܟܠܠܝܢ. ܐܠܐ ܐܝܟ ܫܢܝܘܢ ܒܠܫܘܕ
ܕܡܫܡܫܢܘܬܐ ܒܟܠܗ ܘܠܟܝܐܢܬ ܐܬܬܟܬܫܘ. ∴ ܣܝܡ ܗܟܝܠ
ܢܬܟܬܫ: ܐܡܟܢܐ ܕܟܠ ܢܬܟܠܠ. ܡܕܡ ܢܙܗܪ ܐܓܘܢܐ
ܗܝ ܬܘܪܝܬܐ. ܐܓܘܢܐ ܗܘ ܠܐ ܡܬܟܢܫܢܐ. ܘܦ̈ܓܥܐ
ܡܢ ܫܒܩܘ ܒܗ ܒܕܐܪܐ. ܢܬܟܬܫ: ܐܡܟܢܐ ܕܐܦ.

ܡܘܟܒ܂ ܕܐܦ ܬܗܘܘܢ ܐܢܬܘܢ ܕܡܫܬܡܥܝܢ ܒܟܠ ܟܣܐ ܒܘܟܢܐ܆ ܘܠܐ ܚܒܪܝܢ ܐܢܬܘܢ ܦܘܩܕܢܝ܂ ܐܦܢ ܐܫܬܡܥܬܘܢ ܠܝ܂ ܘܐܡܪܬ ܠܟܘܢ܂ ܘܠܘ ܠܟܘܢ ܡܟܝܠ܂ ܠܐ ܢܗܘܐ ܐܢܐ ܠܟܘܢ ܡܢ ܐܫܬܡܥܐ ܐܢܬܘܢ ܦܬܠܐ ܕܚܒܠܐ܂ ܦܪܝܫܐ ܕܝܢ ܒܡܟܐ ܕܠܟ ܕܒܬܪ ܡܢܚܡܬܐ܂

[V.] ܡܢ ܗܪܟܐ ܐܚܝ ܕܝܢ ܥܡܝܩ ܠܡܬܠܐ ܕܒܠܚܘܕܐ ܗܢܝ܂ ܢܦܩ ܒܝܘܢܝܐ ܕܗܘ ܕܐܡܪܐ ܠܝ܂ ܘܠܐ ܢܦܣܠ ܠܡܡܠܠ ܡܢ ܒܠܚܘܕܐ ܗܢܐ܂ ܐܡܪ ܓܝܪ ܡܪܝ܂ ܬܗܘܘܢ ܐܝܟ ܐܡܪܬܐ ܒܝܢܬ ܕܐܒܐ܂ ܟܕ ܕܝܢ ܓܒܐ ܦܐܠܛܪܘܣ ܐܡܪ ܠܗ܂ ܐܝܟܢ ܡܟܝܠ ܕܬܫܬܡܥ ܐܢܬ ܕܐܒܐ ܠܐܡܪܬܝ܂ ܐܡܪ ܡܘܟܒ ܠܦܐܠܛܪܘܣ܂ ܠܐ ܢܣܒܠܘܢ ܐܡܪܬܐ ܡܢ ܕܐܒܐ ܡܢ ܒܬܪ ܕܫܠܡܬ܂ ܐܦ ܐܢܬܘܢ܂ ܠܐ ܬܣܒܠܘܢ ܡܢ ܐܠܝܢ ܕܦܠܠܝܢ ܠܟܘܢ܆ ܘܠܐ ܡܕܡ ܡܫܟܚܝܢ ܠܡܥܒܕ ܠܟܘܢ܂ ܐܠܐ ܕܫܠܘ܂ ܡܢ ܗܘ ܕܡܢ ܒܬܪ ܕܫܠܡܬ ܐܢܬܘܢ܆ ܐܝܬ ܠܗ ܫܘܠܛܢܐ ܥܠ ܢܦܫܐ ܘܥܠ ܦܓܪܐ ܠܡܪܕܘܬ ܐܝܟ ܒܥܘܢܐ܂ ܘܗܘ ܐܚܝ܆ ܕܡܕܒܪܢܐ ܕܒܦܓܪܐ ܗܢܐ ܒܒܠܚܘܕܐ ܗܢܝ܂ ܘܗܘܪܐ ܐܢܬܘܢ܂ ܘܒܗܪ ܪܒܝܐ܂ ܘܒܠܚܘܕܐ ܕܝܢ ܕܡܪܝ ܪܒܐ ܘܬܡܝܗܐ܂ ܘܢܦܫܐ ܕܒܠܚܘܕܬܐ ܗܝ ܕܒܬܘܕܐ ܘܕܫܝܢܐ ܕܠܒܠܡ܂ ܡܟܢܐ ܡܟܝܠ ܐܬܬܘܣܦ ܗܘ ܕܚܒܪ ܕܬܬܒܥܘܢ ܠܗܝܢ܆ ܐܠܐ ܐܦ ܗܝ ܕܫܦܝܪܐܝܬ ܘܕܢܟܦܐܝܬ ܬܬܕܒܪܘܢ܆ ܘܕܗܠܝܢ ܒܠܒܘܫܬܐ ܐܝܟ ܢܘܟܪܝܬܐ ܬܬܥܒܕܘܢ ܐܝܟܢ܆ ܘܠܐ ܬܐܪܟܘܢ ܐܝܟܢ܂ ܟܕ ܒܪ ܢܫܐ ܠܡܒܥܐ ܗܠܝܢ܂ ܢܦܠܝܢ

[VI.] ܡܢ ܐܘܪܚܐ ܗܝ ܟܐܢܬܐ܂ ⁘ ܐܡܪ ܓܝܪ ܐܦ ܡܪܝ܆ ܕܠܐ ܐܝܟ ܟܒܪܐ ܐܢܬ ܕܡܫܬܡܥ ܠܬܪܝܢ ܡܪ̈ܘܢܐ ܢܦܠܣ ܒܟܕܘܬܐ܂ ܐܝܟܢ ܡܟܝܠ ܕܫܡܥ ܢܦܫܐ ܕܐܦ ܠܐܠܗܐ ܢܦܠܣ ܒܟܕܘܬܐ ܘܐܦ ܠܡܡܘܢܝ܂ ܠܐ ܦܫܝܐ ܠܝ܂ ܡܟܢܐ

ܠܗܠܝܢ ܕܐܡܪܢܢ. ܘܦܪܘܣ ܠܫܘܒܩܢܐ ܒܗ ܐܘܪܚܐ ܘܦܪܐ ܠܝ
[III.] ܕܡܢ ܒܗܘ ܐܡܪܢܢ ܗܘܝܢ. ܟܠܗ ܗܢܐ ܟܒܪ ܒܝ ܠܡܒܥܘܬܐ
ܘܪܢܝܬ ܟܠܝ. ܡܛܠܡܐܢܬ ܬܘܒ. ܕܣܝܡ ܩܠܝܢ ܕܫܐܠܬܝ.
ܠܬ̈ܠܬܐ ܫ̈ܘܐܠܐ ܠܐ ܡܬܒܥܝܢ. ܘܠܐ ܦܠܚܝܢ ܠܗܘܢ.
ܒܬܪܝܢ ܕܝܢ. ܕܡܬܒܥܝܢ ܒܐܝܬܘܗܝ ܠܐܠܗܐ ܕܥܠܝܐ. ܐܝܟܢܐ
ܗܝ ܕܝܢ ܡܬܒܥܝܐ ܕܠܘܬܗ. ܗܝ ܕܠܐ ܢܬܦܠܓ ܒܗܘ
ܕܒܐܝܬܘܗܝ ܡܬܚܫܒܐ. ܐܡܪܝܢ ܕܝܢ ܐܦ ܗܘ: ܕܗܘ ܕܐܝܬܘܗܝ
ܒܗ. ܐܝܟܢܐ ܒܗ ܐܦ ܐܝܟܢܐ ܡܕܡ ܐܚܪܢܐ. ܗܢܐ ܗܟܝܠ
ܐܝܬܘܗܝ ܐܟܪܐ ܙܒܢ. ܐܝܟܢ ܕܟܠܗܝܢ ܒܗܘ ܕܒܐܝܬܘܗܝ
ܐܬܦܪܫܝܢ. ܒܡܠܬܐ ܕܝܢ ܟܠܗܝܢ ܒܗ. ܒܗܝ ܕܢܒܥܐ ܗܠܝܢ
ܕܐܡܪ ܘܠܐ ܢܬܒܥܐ ܘܢܬܦܠܓ ܦܘܠܓܗܘܢ ܒܗ ܬܒܥܝܢ
ܘܠܐ ܬܒܥܝܢ ܠܗܘܢ. ܘܕܠܘ ܒܦܘܫܩܐ ܟܠܗܘܢ ܢܬܒܥܝܢ
ܕܢܦܪܫܘܢ. ܐܠܐ ܡܢ ܟܠܗ ܠܒܝ. ܘܡܢ ܟܠܗ ܚܝܠܝ...
ܐܡܪ ܓܝܪ ܐܦ ܒܐܫܥܝܐ. ܕܒܚܟܡܬܐ ܗܢܝ ܒܦܘܫܩܗ ܗܘ
ܡܢܗ ܠܝ. ܠܒܟܐ ܕܝܢ ܕܠܗܘܢ ܠܪܘܚܐ ܐܬܘܗܝ ܡܢܗ.
[IV.] ܠܐ ܗܟܝܠ ܟܠܗܘܢ ܡܢܐ ܢܦܪܫܘܢ. ܠܐ ܓܝܪ ܗܘܐ
ܦܪܫܐ ܠܝ. ܐܡܪ ܓܝܪ ܗܘ. ܕܠܐ ܟܠ ܕܐܡܪ ܠܝ ܡܪܝ
ܡܪܝ ܢܬܦܪܩ. ܐܠܐ ܗܘ ܕܥܒܕ ܨܒܝܢܗ. ܐܡܟܢܐ
ܕܡܟܝܢ ܐܫܝ. ܒܟܬ̈ܒܐ ܢܘܕܐ ܒܗ. ܒܗܝ ܕܢܬܝܒ ܠܡܪܟܒܝܢ
ܐܝܟ ܕܠܚܡܝܢ. ܒܗܝ ܕܠܐ ܢܓܡܪ ܐܦܠܐ ܢܫܬܪ ܠܣܪ̈ܕܐ
ܐܦܠܐ ܢܛܪ. ܐܠܐ ܢܬܦܐ ܢܗܘܐ ܐܝܬܝ: ܡܫܝܚܝܐ:
ܙܟܝܐ. ܘܕܝܢܝܚ ܒܗ ܣܪ̈ܕܐ ܫܝܢܝܢ. ܘܕܠܐ ܢܗܘܐ
ܫ̈ܡܝܢ ܒܦܘܫܐ. ܒܗܠܝܢ ܒܟܬ̈ܒܐ ܢܘܕܐ ܒܗ. ܘܠܐ ܒܗܠܝܢ
ܕܠܡܘܬܐ. ܘܠܐ ܙܥܦ ܠܝ ܕܡܢ ܒܬܫܥܐ ܕܝܫܠ ܬܬܪܐܬ.
ܐܠܐ ܡܢ ܐܠܗܐ. ܡܬܠܗܕܐ ܒܗ ܗܠܝܢ ܗܦܪܝܢ ܐܡܪ

9 Cod. ܐܝܟܘ].

ܟܠܗܘܢ ܘܠܐ ܡܕܡ ܐܚܪܢ ܐܝܬܝܗܘܢ ܗܘܘ: ܐܠܐ ܐܢ ܡܘܬܐ. ܟܕ ܡܚܝܠ ܗ̇ܘ ܟܠܗ ܚܫܘܫܘܬܐ ܡܬܟܬܫܝܢ ܗܘܘ ܘܡܢ ܕܐܝܟܢ ܗܕܐ ܒܪܘܠܐ ܡܠܝܢ ܗܘܘ ܒܚܝ̈ܐ. ܬܠܝܢ ܚܘܪܝܢ ܠܟܠ: ܟܕ ܦܪܝܢ ܡܢ ܟܝܢܐ ܗ̇ܘ ܕܡܬܟܬܫܝܢ ܗܘܘ ܒܝܬ ܟܝܢܐ ܕܠܝ. ܙܢܝܐ ܒܢܝ ܟܠܝ. ܘܟܕ ܟܠܗ ܙ̈ܪܥܗܘܢ ܘܣܦ ܟܠܝ. ܦܩܕ ܠܝ ܟܕ ܚܕܐ ܡܢ ܗ̇ܘ ܟܠܗ ܠܚܝܘܬܐ ܫܢܝܬܐ ܘܐܟܪܝܐ: ܘܕܐܦܠܐ ܚܕ ܗܟܢܐ ܕܦܘܪܫܐ ܐܝܬ ܠܝ: ܐܠܐ ܐܢ ܗܘ ܕܡܢ ܠܘܬܗ. ܦܩܕ ܠܝ ܕܝܢ ܟܕ ܠܐ ܐܝܬܝܢ ܗܘܘ. ܘܡܫܟܐ ܕܡܢ ܗ̇ܘ ܕܠܐ ܐܝܬܝܢ ܗܘܘ.

[II.] ܢܗܘܐ ܐܝܬܝܢ. ܀ ܫܢܝ ܒܬܪ ܐܡܪ̈ܝ ܒܡܠܬܐ ܗ̇ܘ ܕܠܐ ܡܠܟܝ. ܘܐܘܕܥ ܘܐܡܠܠ ܗ̇ܘ ܕܠܐ ܡܫܟܚܐ. ܡܛܠ ܕܦܓܪܝܢ ܟ̈ܝܢܗ ܕܡܠܬܐ ܡܛܠ ܡܢ ܟ̈ܝܢܗ ܕܗܘ ܕܐܝܬ ܠܗ ܒܒܪܐ. ܀ ܗ̇ܘ ܕܐܡܪ ܕܫܢܝ ܒܡܠܬܐ ܗ̇ܘ ܕܠܐ ܡܠܟܝ ܠܝ ܐܡܪ. ܒܡܠܬܐ ܒܬܪ ܐܝܬܝܗ̇ ܗܘܬ ܒܟܕܬܐ: ܡܕܡ ܕܐܝܬܝܗܘܢ ܠܗ ܟ̈ܝܢܐ. ܗ̇ܘ ܕܝܢ ܕܐܡܪ ܐܘܕܥ ܗ̇ܘ ܕܠܐ ܡܫܟܚܝ. ܗܕܐ ܗܘ ܕܐܡܪ. ܕܗܠܝܢ ܕܠܘܬ ܬܠܬܐ ܕܠܝ ܦܣܩܐܝܬ ܠܡܫܘܘ ܠܘܬ ܐܠܗܐ. ܠܐ ܐܝܟ ܗ̇ܘ ܕܡܟܠܐ ܬܡܢ̈ ܠܝ. ܗ̇ܘ ܕܝܢ ܕܐܡܪ: ܕܦܓܪܝܢ ܟ̈ܝܢܗ ܕܡܠܬܐ ܡܛܠ ܐܘ ܕܗܘ ܕܐܝܬ ܠܗ ܒܒܪܐ. ܡܛܠ ܕܡܠܬܐ ܡܫܬܟܚܐ ܗܘܬ ܕܐܝܬܝܗ̇ ܡܢ ܐܠܗܐ ܒܝܫܬܐ ܕܠܝ ܘܒܟܠܐ. ܗܟܢܐ ܕܝܢ ܕܗܝܕܝܢ. ܦܓܪܢܝܐ ܗܦܟܝܢ ܡܛܠ ܡܢ ܗܢܘܢ ܕܡܫܬܟܚܝܢ ܗܘܘ ܕܐܝܬ ܠܗܘܢ ܐܠܗܐ. ܀ ܘܐܦ ܒܬܪܟܐ ܕܝܢ ܐܚܪܢܐ ܐܡܪ̈: ܕܠܐ ܐܬܪܬ ܕܐܦܪܐ ܠܙ̈ܘܓܝ. ܐܠܐ ܠܬܪܝܨܐ. ܗܕܐ ܐܡܪ̈. ܡܛܠ ܕܙܕܩ ܠܗܠܝܢ ܕܐܟܝܢܝܢ ܠܡܦܪܩ. ܗ̇ܘ ܒܬܪ ܐܝܬܝܗ̇ ܪܒܬܐ ܘܬܡܝܗܬܐ. ܠܘ ܕܗܠܝܢ ܕܦܬܟܪ̈ ܢܣܓܕܘܢ ܘܢܣܒܪ̈. ܐܠܐ ܗܠܝܢ ܕܬܟܠܝ. ܗܟܢܐ ܐܦ ܡܟܝܢܐ ܢܦܫܐ ܠܡܦܪܩ

ܐܓܪܬܐ ܕܬܪܬܝܢ ܕܩܠܝܡܝܣ

ܕܠܘܬ ܒܬܘܠܘܬܐ.

ܕܝܠܗ ܗ̇ܝ ܕܝܠܗ ܐܓܪܬܐ ܕܬܪܬܝܢ ܠܘܬ ܒܬܘܠܘܬܐ..

[I.] ܦܠܚܐ ܕܒܬܘܠܘܬ̇ ܐܠܗܐ. ܐܚ̈ܝ: ܡܗܝܡܢܐ ܙܕܩ ܠܗ ܠܡܬܪܥܝܘ ܡܛܠ ܟܘܠ ܡܕܡ ܡܫܒܚܐ. ܐܝܟ ܕܡܛܠ ܐܠܗܐ. ܐܝܟ ܕܡܛܠ ܕܢܒܐ ܕܫܡܝܐ ܘܕܫܒܝܚܬܐ. ܘܠܐ ܙܕܩ ܠܗ ܕܢܬܚܪܝܬܐ ܠܬܪܥܐ ܡܛܠ ܦܘܪܥܢܐ ܕܝܠܗ. ܒܥܘ ܓܒܪ ܕܢܬ̈ܪܥܐ ܘܡܬܪܥܝܬܐ ܡܛܠܬܗ: ܘܡܬܪܥܝܬܐ ܐܦ ܡܫܡܠܝܢ ܕܢܦܫܐ. ܦܪܘܩܢ ܕܫܡܥܝܢ ܐܝܟ ܕܡܛܠ ܘܡܬܪܥܝܬܐ ܫܠܝܢ. ܘܚܝܢ ܫܠܝܢ. ܕܠܐ ܢܕܚܠܘܢ ܡܢ ܐܢܫܐ ܐܬܦܪܫܝܢ ܘܡܢ ܓܒܪܐ ܘܠܐܢܬܬܐ ܕܡܛܠܬܐ: ܘܕܡܬܐ ܗܢܘ ܡܕܡ ܡܫܒܚܐ ܠܓܒܪܐ ܫܠܝܡ. ܐܝܢܐ ܗܟܝܠ ܦܘܪܥܢ ܐܓܪܐ ܢܛܠ ܠܗ ܚܝܝ. ܐܘ ܐܝܠܝܢ ܦܐܪ̈ܐ ܢܦܪܘܢ ܠܗ ܕܫܡܥܝܢ: ܫܠܘ ܗܠܝܢ ܕܗܘ̤ ܡܗܝܒ ܠܝ. ܒܡܐ ܓܒܪ ܬܫܒܘܚܬܐ ܫܒܝܚܝܢ ܠܗ. ܢܒܗܪܐ ܓܒܪ ܥܡܝ ܠܝ. ܐܝܟ ܐܒܝ ܬ̈ܒܠܐ ܥܡܗ ܠܝ. ܟܕ ܐܒܝܕܝܢ ܗܘܝܢ. ܦܓܪ ܠܝ. ܐܝܢܐ ܥܡܘܢܐ ܢܛܠ ܠܗ ܐܘ ܐܓܪܐ ܫܠܘ ܦܘܪܥܢ ܐܓܪܐ ܕܗܠܝܢ ܕܫܡܥܝܢ: ܟܕ ܩܒܝܠܢܐ ܐܢܬܝܢ ܗܘܝܢ ܡܬܪܥܝܬܐ: ܟܕ ܦܓܥܝܢ ܗܘܝܢ ܠܟܐܒܐ ܘܠܡܫ̈ܢܩܐ: ܠܕܡܟܐ ܘܠܗܡܟܐ ܘܠܫܬܝܐ ܒܟܘܕܐ ܕܫ̈ܒܥܐ: ܘܟܝܢ

14 Cod. | ܦܘ.

ܢ ܐܓܪܬܐ ܩܕܡܝܬܐ ܕܩܠܝܡܝܣ ܕܥܠ ܒܬܘ̈ܠܘܬܐ.

ܕܡܫܝܚܐ ܬܗܘܐ ܥܡܟܘܢ: ܘܥܡ ܟܠܗܘܢ ܗܢܘܢ ܕܚܠܝܢ ܡܢܗ ܡܢ ܐܠܗܐ ܘܒܐܒܘ̈ܗܝ. ܕܒܐܒܘ̈ܗܝ ܠܗ ܬܫܒܘܚܬܐ ܠܥܠܡܐ ܕܥܠܡ̈ܝܢ ܐܡܝܢ. ܫܠܡܬ ܐܓܪܬܐ ܩܕܡܝܬܐ ܕܩܠܝܡܝܣ. ܕܐܬܟܬܒܬ ܡܢܗ ܠܘܬ ܒܬܘ̈ܠܘܬܐ ܡܢ ܪܗܘܡܐ.

2 Cod. | ܡܠܒ̈ܪܘ.

3 Cod. ܠܡܘ̄ܢ.

ܗܘܘ ܐܝܬܝܗܘܢ ܡܫܬܡܥܢܐ ܠܗܠܝܢ ܕܩܕܡ ܐܬܟܬܒ ܠܟܘܢ ܒܝܕ ܪܘܚܐ ܩܕܝܫܐ: ܬܫܡܫܘܢ ܠܪܘܓܙܐ ܗܘ ܕܕܠܐ ܢܡܘܣ. ܕܛܢܢܐ ܕܝܠܟܘܢ. ܐܝܟ ܬܟܫܦܬܐ ܘܦܝܣܬܐ ܗܢܝ ܕܥܒܕܝܢ ܡܛܠ ܫܝܢܐ ܘܐܘܡܝܘܬܐ ܒܡܕܐ ܐܓܪܬܐ. ܫܕܪܢ ܕܝܢ ܐܦ ܓܒܪܐ ܡܗܝܡܢܐ ܘܢܟܦܐ: ܕܡܢ ܛܠܝܘܬܗܘܢ ܕܒܪܐ ܠܣܝܒܘܬܗܘܢ ܕܠܐ ܥܕܠ ܡܬܕܒܪܝܢ ܗܘܘ ܒܝܢܬܢ. ܗܢܘܢ ܒܝܢܬ ܕܐܦ ܣܗܕܐ ܢܗܘܘܢ ܒܝܢܬ ܠܟܘܢ ܘܠܢ. ܗܕܐ ܕܝܢ ܥܒܕܢ: ܐܝܟܢܐ ܕܬܕܥܘܢ: ܕܟܠܗ̇ ܝܨܝܦܘܬܐ: ܗܘܬ ܠܢ ܘܐܝܬܝܗ̇. ܠܘܬ ܗ̇ܝ ܕܒܥܓܠ ܬܫܬܠܡܘܢ. ✣ [LXIV.] ܫܪܟܐ ܕܝܢ. ܐܠܗܐ ܗܘ ܚܙܝܐ ܕܟܠ ܘܡܪܐ ܕܪܘܚܬܐ: ܘܡܪܝܐ ܕܟܠ ܒܣܪ: ܗܘ ܕܓܒܐ ܠܡܪܢ ܝܫܘܥ ܡܫܝܚܐ ܘܠܢ ܒܐܝܕܘܗܝ ܠܥܡܐ ܡܝܬܪܐ. ܢܬܠ ܠܟܠ ܢܦܫܐ ܕܩܪܝܐ ܠܫܡܗ ܩܕܝܫܐ ܘܝܩܝܪܐ ܪܒܘܬܐ ܘܡܫܒܚܘܬܐ. ܗܝܡܢܘܬܐ ܘܕܚܠܬܐ ܘܫܝܢܐ ܘܐܘܝܘܬܐ ܘܫܘܒܚܐ. ܘܡܣܝܒܪܢܘܬܐ ܘܢܓܝܪܘܬ ܪܘܚܐ. ܘܡܟܝܟܘܬܐ ܘܕܟܝܘܬܐ ܘܢܟܦܘܬܐ. ܠܘܬ ܗ̇ܘ ܕܢܫܦܪ ܠܫܡܗ ܩܕܝܫܐ. ܒܝܕ ܪܒ ܟܗܢܐ ܪܒܐ ܘܡܥܕܪܢ ܢܦܫܬܐ ܗܘ ܕܝܠܢ ܝܫܘܥ ܡܫܝܚܐ. ܕܒܐܝܕܘܗܝ ܠܗ ܟܠ ܬܫܒܘܚܬܐ ܠܥܠܡܐ ܕܥܠܡܝܢ. ܐܡܝܢ. ✣ [LXV.] ܠܘܬܢ ܕܝܢ ܕܐܫܬܕܪܘ ܡܢܟܘܢ: ܩܠܘܕܝܘܣ: ܐܦܝܒܘܣ: ܘܐܠܪܝܘܣ ܥܡ ܦܘܪܛܘܢܛܘܣ: ܒܫܝܢܐ ܥܡ ܚܕܘܬܐ ܒܥܓܠ ܐܫܕܪܘ ܥܕܡܐ ܠܘܬܢ: ܐܝܟܢܐ ܕܠܫܠܡܘܬܐ ܢܘܕܥܘܢ ܠܢ ܥܠ ܐܘܡܝܘܬܐ ܘܫܝܢܐ ܗܘ ܕܪܚܝܡ ܠܢ ܘܡܬܒܥܝܢܐ ܡܢܢ ܥܡ ܥܓܠܘܬܐ: ܠܘܬ ܗ̇ܝ ܕܐܦ ܚܢܢ ܡܠܠܝܘܬ ܢܚܕܐ ܥܠ ܫܦܝܪܘܬ ܫܘܡܠܝܐ ܕܝܠܟܘܢ.. ܛܝܒܘܬܗ ܕܡܪܢ ܝܫܘܥ

15 Cod. ܪܘܚܐ | ܘܡܣܝܒܪܢ.

ܦ ܕܕܪ̈ܝܢ. ܘܠܥܠܡܐ ܕܥܠܡܐ. ܐܡܝܢ. ܡܪܝܐ ܕܝܢ ܒܥܒܐ

[LXII.] ܕܠܒ ܕܒܬܪ ܡܒܣܡܬܐ. ܡܛܠ ܗܠܝܢ ܓܝܪ ܕܪ̈ܕܦ ܠܒܬܘܠܘܬܐ ܕܠܗ: ܘܡܛܠ ܗܠܝܢ ܒܥܬ ܕܒܗ̇ ܕܐܬܚܙܝܬܘܢ ܡܬܪ ܡܘܬܪ̈ܢܘܬܐ: ܠܟܠܗܘܢ ܕܪ̈ܚܡܝܢ ܠܡܬܪ̈ܝܢ ܘܕܘܟܪܐ ܕܡܬܢܨܪܘܬܐ ܘܥܒܝܕܘܬ ܕܫܠܝܬܐ ܘܕܕܡܝܐܝܬ. ܦܩܘܕܝܬ ܬܬܒܥܘܢ ܠܟܘܢ ܓܒܪ̈ܐ ܐܚ̈ܝܢ. ܡܛܠ ܓܝܪ ܗܝܡܢܘܬܐ ܘܬܡܝܡܘܬܐ ܘܫܘܒܚܐ ܕܒܢܝܐ: ܘܥܠ ܢܟܦܘܬܐ ܘܡܟܝܟܘܬܐ ܘܡܫܡܫܢܘܬܐ. ܥܠ ܕܡܥܬܐ ܕܡܬܥܒܕܐ ܒܦܪ̈ܝܢ ܒܗ ܡ̈ܫܡܫܢܝܢ. ܕܗܘܘ ܠܟܘܢ ܕܬܫܒܚܘܢ ܠܐܠܗܐ ܐܝܟ ܟܠ ܒܕܡܘܬܐ ܘܒܥܒܪܐ ܘܒܠܒܘܬ ܪܘܚܐ ܚܫܝܫܐܝܬ: ܟܕ ܐܝܬ ܠܟܘܢ ܐܘܡܢܘܬܐ ܟܡ ܫ̈ܘܕܐ ܕܠܐ ܐܬܬܐ: ܒܫܘܒܚܐ ܘܒܙܘܥܐ ܒܡ ܢܫܘܬܐ ܡܬܢܫܝܬܐ. ܐܝܟܢܐ ܕܐܡܪ̈ܝܢ ܗܠܝܢ ܕܦܪܫܘ ܐܫܬܥܒܕܘ ܥܒܕܘ ܠܐܠܗܐ: ܟܕ ܡܬܪ̈ܒܝܢ ܒ̈ܢܝܬܐ: ܗܠܝܢ ܕܠܘܬ ܐܒܐ ܘܒܪܘܚܐ ܕܟܠ ܐܠܗܐ: ܘܠܘܬ ܟܠܗܘܢ ܩܕ̈ܝܫܐ. ܀ ܘܗܠܝܢ ܟܠܗ ܗܢܐ ܢܗܘܘܢ ܒܗ ܗܠܝܢ ܕܐܬܒܗܠܢ. ܡܛܠ ܒܗ ܕܓܠܝܐܝܬ ܐܝܬ ܠܗܘܢ. ܕܗܘ ܗܘܐ ܓܝܪ ܓܒܪ ܕܒܬܘܠ. ܠܓܒܪ̈ܐ ܡܫܡܫܢܐ ܘܡ̈ܠܦܢܐ: ܘܕܒܗܘܢ ܠܗܘܢ ܒܟܬܒܐ ܕܡܕܒܪܢܘܬܐ ܕܐܠܗܐ...

[LXIII.] ܕܗܕܐ ܡܛܠ ܐܝܬܘܗܝ: ܕܟܕ ܠܬܫܡܫܬܐ ܕܐܝܟ ܗܠܝܢ ܘܕܟܠܗ ܗܢܐ ܐܬܩܪ̈ܝܢ. ܢܐܡ ܥܘܠ ܘܢܬܥܒܕ: ܘܟܕ ܕܡܥܬܐ ܕܡܫܬܡܠܝܘܬܐ ܡܬܓܠܝܢ: ܢܬܪܡ ܠܟܠܗܘܢ ܕܐܬܚܫܒܘܢ ܡܕܒܪ̈ܢܐ ܕܦܫܝܛܬ. ܐܝܟܢܐ ܕܟܕ ܥ̈ܠܝܢ ܘܢܣܒܝܢ ܡܢ ܬܠܡܝܕܐ ܩܘܪܒܐ. ܠܘܬ ܢܦܫܐ ܗܘ ܕܫܒܩ ܠܢ ܒܥܪܪܐ: ܫܦܝܪ ܡܢ ܟܠ ܡܕܡܐ ܘܟܕܠܐ ܢܐܡܪ. ܫܕܝܬܐ ܓܝܪ ܘܒܘܪܐ ܪܒܐ ܬܫܒܘܚܬܐ ܠܢ: ܐܝܟܢܐ ܕܟܕ

4 Cod. ܡܘܬܪ̈ܢܝܬܐ.

8 Cod. ܘܡܫܡܫܢܘܬܐ.

ܕܝܠܢ. ܐܘ ܡܪܝ ܐܢܗܪ ܦܪܨܘܦܐ ܕܝܠܟ ܥܠܝܢ ܠܛ̈ܒܬܐ ܕܫܝܢܐ. ܠܘܬ ܗ̇ܢܐ ܕܢܣܬܬܪ ܬܚܝܬ ܐܝܕܐ ܕܝܠܟ ܐܚܝܕܬܐ. ܘܕܢܬܦܨܐ ܡܢ ܟܠ ܚܛܝܬܐ ܒܕܪܥܟ ܪܡܐ. ܘܦܪܘܩ ܠܢ ܡܢ ܗ̇ܢܘܢ ܕܣܢܝܢ ܠܢ ܒܥܘܠܐܝܬ. ܗܒ ܐܘܝܘܬܐ ܘܫܝܢܐ. ܠܢ ܘܠܟܠܗܘܢ ܗ̇ܢܘܢ ܕܥܡܪܝܢ ܥܠ ܐܪܥܐ. ܐܝܟܢܐ ܕܝܗܒܬ ܠܐܒ̈ܗܬܐ ܕܝܠܢ ܟܕ ܩܪܝܢ ܗܘܘ ܠܟ ܚܣܝܐܝܬ ܒܗܝܡܢܘܬܐ: ܘܒܫܪܪܐ ܗܘܘ ܡܫܬܡ̈ܥܢܐ ܠܫܡܟ ܚܣܝܢܐ ܘܐܚܝܕ ܟܠ. ܘܠܫ̈ܠܝܛܢܐ ܘܡܕ̈ܒܪܢܐ ܕܝܠܢ ܥܠ [LXI.]
ܐܪܥܐ. ܐܢܬ ܡܪܝܐ ܕܟܠ ܝܗܒܬ ܠܗܘܢ ܫܘܠܛܢܐ ܕܡܠܟܘܬܐ: ܒܝܕ ܐܘܚܕܢܟ ܦܐܝܐ ܒܪܒܘܬܐ ܘܠܐ ܡܬܡܠܠܢܐ: ܠܘܬ ܗ̇ܢܐ ܕܟܕ ܢܕܥܝܢ ܫܘܒܚܐ ܘܐܝܩܪܐ ܕܝܗܒ ܠܗܘܢ ܡܢܟ ܢܫܬܥܒܕ ܠܗܘܢ: ܟܕ ܠܐ ܡܥܕܝܢ ܦܣܩܝܢ ܩܘܒܠܐܝܬ ܠܘܩܒܠ ܨܒܝܢܟ. ܠܗ̇ܢܘܢ ܕܡܫܠܛܝܢ ܕܬܬܠ ܡܪܝܐ. ܚܘܠܡܢܐ. ܫܝܢܐ. ܐܘܝܘܬܐ. ܫܪܝܪܘܬ ܡܘܫܒܐ. ܠܘܬ ܗ̇ܢܐ ܕܢܦܪܢܣܘܢ ܕܠܐ ܬܘܩܠܬܐ: ܪܫܢܘܬܐ ܗ̇ܝ ܕܐܬܝܗܒܬ ܠܗܘܢ ܡܢܟ. ܐܢܬ ܓܝܪ ܡܪܝܐ ܫܡܝܢܐ ܡܠܟܐ ܕܥܠܡ̈ܐ ܝܗܒ ܐܢܬ ܠܒܢ̈ܝܐ ܕܐܢܫܐ: ܫܘܒܚܐ ܘܐܝܩܪܐ ܘܫܘܠܛܢܐ ܕܗܠܝܢ ܕܐܝܬܝܗܘܢ ܥܠ ܐܪܥܐ. ܐܢܬ ܡܪܝܐ ܐܬܩܢ ܬܪܥܝܬܐ ܕܝܠܗܘܢ. ܠܘܬ ܗ̇ܝ ܕܫܦܝܪܐ ܘܡܫܦܪܐ ܩܕܡܝܟ. ܐܝܟܢܐ ܕܟܕ ܡܦܪܢܣܝܢ ܒܫܝܢܐ ܘܒܢܝܚܘܬܐ ܡܢ ܫܦܝܪܘܬ ܕܕܚܠܬܐ ܫܘܠܛܢܐ ܗ̇ܘ ܕܝܗܒ ܠܗܘܢ ܡܢܟ: ܡܪܚܡܢܘܬܟ ܢܫܟܚܘܢ ܠܡܘܕܪܢܐ ܕܡܢܟ: ܗ̇ܘ ܕܒܠܚܘܕܝܟ ܐܝܬܝܟ ܚܝܠܬܢܐ ܠܡܥܒܕ ܗܠܝܢ: ܘܬܘܒ ܝܬܝܪܐܝܬ ܛܒ̈ܬܐ ܥܡܢ. ܠܟ ܡܘܕܝܢ ܒܝܕ ܪܒܟܗ̈ܢܐ ܘܡܩܝܡܢܐ ܕܢܦܫ̈ܬܐ ܕܝܠܢ ܝܫܘܥ ܡܫܝܚܐ. ܕܐܝܬܘܗܝ ܠܟ ܬܫܒܘܚܬܐ ܘܪܒܘܬܐ. ܘܗܫܐ ܘܠܕܪ̈ܐ

26 Cod. ܠܗܫܐ.

ܡܕܪܐ ܒܠ ܢܦܫܬܗܘܢ܆ ܗܘ ܒܪܘܝܐ ܘܦܩܘܕܐ ܕܟܠ ܪܘܚܐ܆ ܗܘ ܕܡܣܓܐ ܥܡ̈ܡܐ ܥܠ ܐܪܥܐ܆ ܘܡܢ ܟܠܗܘܢ ܓܒܐ ܠܗ ܠܗܢܘܢ ܕܐܚܒܘܗܝ ܒܝܕ ܝܫܘܥ ܡܫܝܚܐ ܒܪܗ ܚܒܝܒܐ܆ ܗܘ ܕܒܐܝܕܘܗܝ ܪܕܝܬ ܘܩܕܫܬ ܘܝܩܪܬ ܠܢ. ܘܐܡܪܢ ܠܬܗ ܡܢ ܬܒܥܘܬܟ. ܡܦܝܣܝܢ ܠܟ ܡܪܝܐ ܥܕܪܢ. ܕܬܗܘܐ ܡܥܕܪܢܐ ܘܡܣܝܥܢܐ ܕܝܠܢ. ܠܗܢܘܢ ܕܒܐܘܠܨܢܐ ܦܪܘܩ. ܠܗܢܘܢ ܕܡܟܝܟܝܢ ܐܚܘܣ. ܥܠ ܗܢܘܢ ܕܡܬܒܥܝܢ ܐܬܚܙܝ. ܠܟܪܝܗܐ ܐܣܐ. ܠܗܢܘܢ ܕܡܢ ܥܡܟ ܕܛܥܝܢ ܐܦܢܐ. ܣܒܥ ܠܗܢܘܢ ܕܟܦܢܝܢ. ܦܪܘܩ ܠܐܣܝܪܐ ܕܝܠܢ. ܐܩܝܡ ܠܗܢܘܢ ܕܡܚܝܠܝܢ. ܒܝܐ ܠܗܢܘܢ ܕܐܬܡܘܟܘ ܒܙܥܘܪܘܬ ܢܦܫܐ. ܢܕܥܘܢ ܟܠܗܘܢ ܥܡ̈ܡܐ. ܕܐܢܬ ܐܢܬܝ ܐܠܗܐ ܒܠܚܘܕܝܟ. ܘܝܫܘܥ ܡܫܝܚܐ ܒܪܟ ܚܒܝܒܐ. ܘܚܢܢ ܥܡܐ ܕܝܠܟ ܘܥܢܐ ܕܡܪܥܝܬܟ.

[LX.] ܐܢܬ ܓܝܪ ܠܩܘܝܡܐ ܐܡܝܢܐ ܕܥܠܡܐ ܗܢܐ ܒܝܕ ܗܠܝܢ ܕܡܬܬܥܒܕܢ ܒܗ ܓܠܝܐ ܥܒܕܬ. ܐܢܬ ܡܪܝܐ ܠܡܬܥܡܪܢܝܬܐ ܒܪܝܬ܆ ܗܘ ܡܗܝܡܢܐ ܒܟܠ ܕܪ̈ܝܢ܆ ܙܕܝܩܐ ܒܕܝ̈ܢܐ܆ ܬܡܝܗܐ ܒܚܝܠܐ ܘܒܪܒܘܬ ܦܐܝܘܬܐ܆ ܚܟܝܡܐ ܒܗܝ ܕܒܪܐ܆ ܘܣܘܟܠܬܢܐ ܒܗܝ ܕܠܗܠܝܢ ܕܗܘܝ ܫܪܪ. ܗܘ ܕܐܢܬܝ ܛܒܐ ܒܗܠܝܢ ܕܡܬܚܙܝܢ܆ ܘܡܗܝܡܢܐ ܒܗܠܝܢ ܕܬܟܝܠܝܢ ܥܠܝܟ. ܡܪܚܡܢܐ ܘܚܢܢܐ. ܫܒܘܩ ܠܢ ܠܐ ܢܡܘܣܘܬܢ ܕܝܠܢ ܘܥܘܠܢ. ܘܣܟܠܘܬܢ ܘܫܓܝܫܘܬܢ. ܠܐ ܬܚܫܘܒ ܥܠܝ ܟܠܗ ܚܛܝܬܐ ܕܥܒ̈ܕܝܟ ܘܕܐܡ̈ܗܬܟ. ܐܠܐ ܕܟܐ ܠܢ ܕܘܟܝܐ ܕܫܪܪܐ ܕܝܠܟ. ܘܐܬܩܢ ܗܠܟ̈ܬܢ ܠܡܗܠܟܘ ܒܚܣܝܝܘܬܐ ܘܒܟܐܢܘܬܐ ܘܒܦܫܝܛܘܬܐ ܕܠܒܐ. ܘܠܡܥܒܕ ܫܦܝܪܬܐ ܘܗܠܝܢ ܕܫܦܝܪ̈ܢ ܩܕܡܝܟ ܘܩܕܡ ܐܪܟܘܢܐ

1 Cod. ܪܕܝܬ.

ܘܫܘܒܩܢܐ ܕܚܛܗ̈ܐ. ܕܗܘ ܕܥܒܕ ܒܡܟܝܟܘܬ ܬܪܥܝܬܐ ܒܗ ܠܚܘܬܐ ܥܙܝܙܬܐ ܠܐ ܡܬܬܥܝܩܢܐܝܬ: ܘܪ̈ܓܐ ܗܠܝܢ ܕܝܗܝܒܝܢ ܡܢ ܐܠܗܐ. ܗܢܝܢ. ܒܡܫܝܢܢܐ ܕܢܦܫܗܘܢ ܕܡܬܦܪܫܝܢ ܡܬܚܙܝܢ ܘܡܬܝܕܥܝܢ: ܒܝܕ ܝܘܗܒ ܡܫܝܚܐ. ܗܘ ܕܐܝܬܘܗܝ ܠܗ ܐܝܬܝܗ̇ ܬܫܒܘܚܬܐ. ܠܥܠܡ̈ܐ ܕܥܠܡ̈ܝܢ

§ ܐܡܝܢ. ܦܢܝܐ ܕܝܢ ܥܒܕܐ ܕܠܐ. ܕܟܬܒ ܡܢܟܬܐ. ܐܢ ܕܝܢ

[LIX.] ܐܢܫ ܠܐ ܢܬܬܦܫܩ ܠܗܠܝܢ ܕܟܬܝܒܢ ܒܐܝܕܝܢ ܐܬܐܡܪ̈ܝ: ܢܕܥܘܢ ܕܡܫܬܘܕܥܢ ܘܡܫܬܡܠܝܢ ܕܠܐ ܝܕܥܝܢ ܡܢܗܘܢ ܠܗܘܢ ܢܬܦܪܫܘܢ. ܣܡ ܕܝܢ. ܘܐܝܟܐ ܢܗܘܐ ܡܢ ܗܕܐ ܫܠܝܛܘܬܐ. ܘܢܬܒܠܥ ܒܗ ܬܫܒܘܚܬܐ ܘܥܒܘܕܘܬܐ ܡܬܬܝܗܒܬܐ ܒܕܝܢ. ܐܝܟܢܐ ܕܠܡܫܝܚܐ ܕܟܝܢܐ ܕܗܘ ܕܕܝܢܐ ܒܥܠܡ ܠܥܠܡ. ܢܬܠܘܗ ܕܠܐ ܢܣܒ ܐܠܗܐ ܒܥܘܕܪܐ ܕܟܠ: ܒܝܕ ܒܪܗ ܝܚܝܕܝܐ ܡܘܒܠ ܡܫܝܚܐ ܡܪܢ. ܗܘ ܕܒܐܝܕܘܗܝ ܦܪܩܢ ܡܢ ܫܥܒܕܐ ܠܒܢܝܢܫܐ: ܘܡܢ ܠܐ ܡܕܥܬܐ ܠܡܫܬܘܕܥܢܘܬܐ ܕܬܫܒܘܚܬܐ ܕܐܒܘܗܝ: ܠܡܫܒܚܘ ܒܐܒܗܬܐ ܘܕܝܢܐ ܗܘ ܕܐܬܒܣܡܘ ܙܕܝܩܐ ܘܒܢܘܗܝ ܕܟܠܗ ܒܪܝܬܐ: ܒܕ ܦܬܚ ܚܝܠܐ ܕܐܠܗܘܬܗ ܠܘܬ ܗܘ ܕܐܒܝܠܘܗܝ ܠܗܘ ܕܟܠܣܘܢܘܗܝ ܡܪܝܡܐ ܒܡܪܘܡܐ: ܘܕܝܢܐ ܕܡܫܪܝܐ ܡܬܬܝܚܝܢ: ܗܘ ܕܡܢܟܒܝܢ ܡܫܠܡܘܬܐ ܕܥܒܘܕܝ̈ܐ: ܗܘ ܕܡܫܠܡܘ ܚܘܫ̈ܒܐ ܕܒܢܝ̈ܫܐ: ܗܘ ܕܥܒܕ ܡܢܝܢܐ ܠܪܘܚܐ ܘܠܦ̈ܓܪܐ ܡܬܝܒܢ: ܗܘ ܕܡܬܟܬܪ ܘܡܬܒܣܡ: ܗܘ ܕܦܠܓ ܘܦܪܫ ܘܡܬܝܒܢܐ: ܗܘ ܕܟܠܗܘܢܗܘܢ ܡܫܡܫܢܐ ܕܪ̈ܘܚܬܐ ܘܐܠܗܐ ܕܟܠ ܒܣܪ: ܗܘ ܕܢܘܗܪ ܠܬܗ̈ܘܡܐ: ܗܘ ܢܗܪܐ ܕܥ̈ܒܕܐ ܐܢ̈ܫܐ: ܗܘ ܡܕܒܪܢܐ ܕܢܦܫܢ ܕܡܬܐܠܨܝܢ: ܗܘ ܦܘܪܩܢܐ ܕܗܠܝܢ ܕܦܫܝܛ ܠܗܘܢ

11 Cod. ܦܪܩܢ.

ܗ̇ܝ ܕܡܬܬܪ̈ܬ ܒܟܠ. ܗܐ ܓܝܪ ܐܢܐ ܐܦ ܠܟܘܢ ܡܠܬܐ ܕܢܣܒܬܐ ܕܝܠܝ. ܐܠܦܬܘܢ ܕܝܢ ܡܠܬܝ. ܡܛܠ ܒܝܬ ܕܦܘܪܐ ܗܘܝܬ ܘܠܐ ܫܒܩܝܢ ܗܘܝܬܘܢ. ܘܐܦ ܫܬܝܩܐ ܗܘܝܬ ܫܠܝܬ ܘܠܐ ܦܬܚܝܢ ܗܘܝܬܘܢ. ܐܠܐ ܩܛܠܬܐ ܫܒܩܝܢ ܗܘܝܬܘܢ ܠܬܪܥܝܬܐ ܕܝܠܝ. ܠܬܫܒܘܚܬܐ ܕܝܢ ܕܝܠܟ ܠܐ ܐܬܬܫܝܡܬܘܢ. ܡܛܠ ܗܕܐ ܗܟܝܠ ܐܦ ܐܢܐ. ܫܒܩܢ ܠܟ ܐܒܕܢܐ ܕܠܟܘܢ. ܫܒܩܐ ܕܝܢ ܒܠܒܟܘܢ ܟܕ ܢܣܒܬܐ ܐܒܕܢܐ ܕܠܟܘܢ. ܘܐܝܟ ܗ̇ܘ ܕܡܬܚܫܠ ܢܣܒܬܐ ܠܟܘܢ ܥܡܘܢܝܐ: ܗܘܦܟܐ ܕܝܢ ܕܕܪ̈ܫܐ ܠܟܠܟܠܐ. ܐܘ ܐܢܫܝ ܕܢܣܒܬܐ ܠܟܘܢ ܐܘܠܨܢܐ ܘܫܘܥܒܕܐ ܕܡܢ ܡܪ̈ܟܐ. ܢܗܘܐ ܓܝܪ ܕܐܡܬܝ ܕܬܬܦܪܫܘܢ. ܐܢܐ ܕܝܢ ܠܐ ܐܫܬܒܩܘܢ. ܫܡܝ ܠܝ ܕܒܪܐ ܘܠܐ ܢܬܚܫܘܢ. ܡܢܘ ܓܝܪ ܚܙܝܬܐ. ܠܚܠܬܐ ܕܝܢ ܕܡܪܢܝ ܠܐ ܓܒܗ. ܘܠܐ ܪܓܗ ܕܢܦܩܘܢ ܠܫܠܡܐ ܕܝܠܝ. ܡܢܝܢ ܕܝܢ ܕܡܬܩܢܘܬܝ.. ܡܛܠ ܗܢܐ ܢܬܟܠܘܢ ܦܐܪ̈ܐ ܕܐܘܪܚܐ ܕܝܠܗܘܢ. ܘܡܢ ܙܒܢܘܬܐ ܕܝܠܗܘܢ ܢܦܩܘܢ. ܚܠܦ ܓܝܪ ܗܠܝܢ ܕܫܒܩܘܢ ܗܘܘ ܒܡܪ̈ܝܬ ܢܬܡܠܠܘܢ. ܘܒܗܘܢܐ ܕܪ̈ܥܝܬ ܫܘܒܚ ܠܗܘܢ. ܗ̇ܘ ܕܝܢ ܕܠܝ ܫܒܩ: ܢܦܪܐ ܒܠ ܗܕܪܐ ܒܗ ܬܒܝܠ. ܘܢܓܠܐ ܕܠܐ ܕܫܠܬܐ ܕܡܢ ܒܠ ܒܢܬܐ. ⁘

[LVIII.] ܢܡܘܣ ܗܒܝܠ ܘܒܢܝܐ ܐܫܐ ܠܥܠܡ ܡܕܡܐ ܘܡܬܡܫܚܐ: ܒܗ ܚܙܝܢ ܡܢ ܬܪ̈ܥܐ ܗܠܝܢ ܕܒܗ ܫܒܚܬܐ ܦܘܡܗ ܐܬܐܡܪܘ ܠܠܐ ܡܬܬܦܣܝܢ. ܐܡܢܐ ܕܢܦܪܐ ܒܗ ܬܒܝܠܝܢ ܒܠ ܥܡܐ ܗ̇ܘ ܚܟܝܡܐ ܕܪ̈ܒܘܬܗ. ܦܓܥܘ ܒܠܒܐ ܕܠܝ ܐܝܟ. ܘܢܗܘܐ ܠܟܘܢ ܕܠܐ ܡܬܬܘܣܦܬܐ. ܚܕ ܗܘ ܓܝܪ ܐܠܗܐ: ܘܚܕ ܡܪܝܐ ܡܥܒܕ ܡܥܢܝܢܐ ܘܦܘܪܥܢܐ ܡܕܡܐ: ܗܘܝܢܝܘܬܐ ܒܝܬ

21 Cod. ܡܟܢ | ܡܟܢ.

ܕܡܦܩܠ. ܢܩܕܫ ܓܝܪ ܐܡܪ ܕܕܝܠܗ ܒܩܕܝܫܘܬܐ ܘܢܬܚܡܫ. ܡܦܝܣܐ ܕܝܢ ܕܫܠܝܛܐ ܠܗ ܢܕܥܘܢ ܠܒܪܐ. ܘܬܘܒ ܐܡܪ: ܠܟܠܗܘܢ ܠܒܢܝܢܐ ܗܘ ܕܐܦܝܣܗ ܡܢܝܢܐ: ܡܪܬܝܢܘܬܐ ܕܝܢ ܕܐܣܝܪ ܥܠ ܠܗ ܢܫܠܐ. ܗܘ ܓܝܪ ܠܦܓܪܐ ܟܒܫ: ܘܬܘܒ ܫܦܝܪ ܟܬܒ. ܦܓܪܐ ܘܐܡܪܘܗܝ ܐܦܝܣܝܢ. ܫܬ ܘܩܪܝܢ ܡܢ ܐܘܠܦܢܐ ܢܦܫܢ. ܟܡܐ ܕܝܢ ܕܥܒܕ: ܠܐ ܬܦܫܘܩ ܟܢ ܟܝܬܐ. ܟܠܗܝܢ ܕܝܢ ܢܦܫܢ ܡܢ ܡܘܬܐ. ܒܡܪܟܐ ܕܝܢ ܡܢ ܐܝܟܐ ܕܦܘܠܐ ܢܦܪܘܩ. ܘܡܢ ܢܦܪܐ ܕܠܥܠ ܢܥܒܕ. ܘܠܐ ܬܦܫܠ ܒܗ ܢܐܬܐ ܥܠܝܢ ܒܝܬܐ ܕܟܠܠܐ. ܘܥܠ ܠܗ ܢܬܚܫܒ ܬܦܫܢ. ܡܢ ܫܘܐ ܥܒܕܐ ܕܝܢ ܒܥܒܝܕܘܬܐ ܠܗ ܬܦܫܠ. ܫܘܐ ܥܒܕܐ ܕܝܢ ܒܥܒܝܕܘܬܐ ܢܬܐܬܡ ܠܢ. ܒܬܪܡ ܬܥܒܕ: ܕܡܫܬܡܪ ܒܢܬܐ ܕܠܝ. ܬܥܒܕ ܕܝܢ. ܕܦܣܓܒ ܘܒܢ. ܩܠܝܢ ܕܝܢ ܐܝܟ ܒܡܫܟܐ ܕܫܠܐ. ܬܐܘܠ ܕܝܢ ܠܡܦܪܥ. ܐܝܟ ܫܠܝܛܐ ܕܡܦܝܣܐ ܘܡܠܟܐ ܕܒܪܝܫ ܡܬܚܫܒ. ܐܦ ܐܝܟ ܠܓܢܣܐ ܕܐܕܪܐ ܕܡܥܬܗ ܡܬܚܪܡ. ܩܢܝܐ ܕܝܢ ܒܥܒܐ ܕܠ ܕܒܬܪ ܡܢܝܬܐ. ܡܘ ܣܘ ܡܬܒܥܐ: ܒܡܟܐ ܗܘܒܐ ܐܝܬ ܠܡܠܘܢ ܕܡܬܬܪܡ ܡܢ ܡܢܝܢܐ. ܒܗ ܓܝܪ ܐܒܐ ܦܠܚܐ ܐܝܬܘܗܝ: ܕܕܐ ܠܝ ܒܗ ܡܢܕܥܬܗ ܡܫܝܚܐ. ܠܘܬ ܗܘ ܕܢܣܒܘܢ ܚܠܝܡ ܬܒܥܬܐ.

[LVII.] ܐܚܝܢ ܗܟܝܠ ܫܠܘܢ ܕܫܘܪܗ ܕܡܠܟܘܬܐ ܒܓܕܬܢ: ܐܫܬܡܥܘ ܠܗܘܢ ܠܦܝܣܐ. ܘܐܬܕܪܘ ܠܬܘܒܬܐ. ܒܗ ܐܦܝܢ ܐܚܝܢ ܒܥܒܕܐ ܕܠܒܢܝܢ. ܢܠܗܘ ܠܡܫܬܒܕܘ. ܒܗ ܥܕܡ ܐܚܝܢ ܡܢܗܘܢ ܡܫܠܡܢܘܬܐ: ܘܡܪܫܝܢܘܬܐ ܥܒܕܝܢܘܬܐ ܕܠܚܝܢܐ ܕܠܒܢ. ܦܠܚ ܗܘ ܠܒܢ ܓܝܪ ܕܒܝܪܘܬܐ ܕܡܫܝܚܐ ܘܕܐܦܪܐ ܘܥܒܕܝܢ ܒܗ ܬܫܬܥܒܕܘܢ. ܐܦ ܕܒܗ ܡܬܦܬܟܪܝܢ ܐܚܝܢ ܕܐܝܟܢ ܒܡܠܟܘܬܐ ܬܫܬܕܘܢ ܡܢ ܗܪܟܐ. ✣ ܗܟܢܐ ܓܝܪ ܐܡܪܐ ܢܒܝܘܬܐ

ܠܐܣܝܪ̈ܐ. ܢܚܫ ܦܓܪܢܝܘܬܐ ܒܗ ܐܬܬܢܝܚ ܒܗ ܦܓܪܢܘܬܐ ܕܐܠܗܐ. ܫܬܠܝܡ ܒܪܢܫܘܬܐ ܦܓܪܢܝܬܐ. ܘܡܕܒܪܢܘܬ ܗܘ ܦܓܪܢܝܬܐ ܒܗ ܒܣܘܟܠܐ ܐܝܬܘܗܝ ܒܕܝܠܗ. ܥܒܕܬ ܡܢ ܡܫܬܥܝ. ܕܐܬܒܛܠ ܠܘܩܒܠ ܠܡܫܬܘܕܥܘ ܕܒܠܬܒܥܐ. ܒܗ ܐܬܒܠܒܬ ܡܢܠ ܗܘ ܠܗ ܠܡܫܕܪܘܬܗ. ܢܦܩܬ ܒܟܠ ܢܘܟܪܝܐ ܕܒܕܝܠܗ ܕܐܒܝܫܗ ܘܒܟܠ ܒܒܥܐ ܕܐܝܬܘܗܝ ܒܣܘܟܠܐ. ܘܐܬܒܠܠ ܒܪܢܫܐ ܠܐܘܠܘܦܢܗܘܢ ܕܒܐܒܕܐ ܕܢܡܘܣܐ. ܠܐ ܒܪܬ ܐܦ ܐܡܬܝ ܗܘ ܒܡܫܡܠܝܘܬܐ ܒܡܫܡܠܝܘܬܐ: ܠܡܫܕܪܘܬܗ ܡܢ ܠܗ ܐܬܒܠܒܬ: ܐܡܬܝܐ ܕܠܡܪܢܘܬܐ ܕܐܣܬܪܐܠ ܬܦܢܝܐ: ܕܒܬܝܒܐ ܗܘܬ ܕܬܐܒܐ. ܒܗ ܒܪ ܝܘܡܢ ܘܡܘܡܡܢ. ܐܦܝܣܬ ܠܢܒܝܐ ܕܟܠ ܘܒܪܐ ܕܟܠܡܐ ܐܠܗܐ. ܗܘ ܕܒܗ ܝܗܒ ܠܡܘܡܡܐ ܕܢܥܡܗ: ܦܢܝ ܠܥܡܐ ܡܢ ܗܠܝܢ ܕܒܛܠܬܗܘܢ ܐܝܬܘܗܝ ܗܘܐ

[LVI.] ܒܡܫܕܪܘܬܗ. ܘܐܦ ܚܢ ܗܘܝܠ. ܢܒܥܐ ܒܟܠ ܗܘܝܘ ܕܒܡܫܪܬܐ ܒܕܡ ܐܬܬܝܕܥܘ. ܐܡܬܝܐ ܕܐܬܬܝܕܥ ܠܗܘܢ ܢܝܫܘܬܐ ܘܡܫܡܫܘܬ ܬܪܝܢܘܬܐ: ܠܘܬ ܗܘ ܕܢܬܪܥܘܢ ܘܢܫܦܘܢ: ܠܐ ܠܝ: ܐܠܐ ܠܝܚܝܕܐ ܕܐܠܗܐ. ܗܟܢܐ ܒܪ ܢܗܘܐ ܠܗܘܢ ܒܗܘܕܝܐ ܡܫܡܠܝܐ ܘܦܐܪܝܐ ܕܒܡ ܙܒܢܐ: ܐܘ ܠܘܬ ܐܠܗܐ ܐܘ ܠܘܬ ܡܫܝܚܘܗܝ. ✣ ܢܦܩ ܡܕܪܘܬܐ ܗܘ ܕܠܐ ܐܝܢ ܙܕܩ ܠܗ ܕܢܫܬܘܡܠ ܒܠܚܘܕ ܢܚܬܒܝ. ܡܪܬܝܢܘܬܐ ܗܘ ܕܢܒܕܡܝܢ ܠܘܬ ܫܒܒܐ: ܦܠܓܘܬܐ ܐܝܬܝܗ ܘܐܬܝܪ ܦܓܪ ܒܗܘܦܝܢܘܬܐ. ܢܫܡܥܐ ܠܝ ܒܪ ܠܝܚܝܕܐ ܕܐܠܗܐ. ܗܟܢܐ ܒܪ ܐܢܫ̈ܐ ܒܠܗܘܢ ܐܬܠܐ ܡܢܥܬܐ. ܒܪ̈ܬܐ ܙܕܝܩ ܒܪܢܫܐ. ܘܠܒܘܬܗ ܠܐ ܐܬܒܠܒܬ. ܠܗܘ ܒܪ ܕܝܢܫܐ ܒܪܢܫܐ ܙܕܩ ܠܗ. ܒܒܝܬ ܕܡ ܠܟܠ ܒܪܐ ܗܘ

6 Cod. ܘ̄ܠܐܬܐ.

ܘܐܪܦܝܘ ܐܚܠܦܐ ܐܝܟܢ ܘܐܬܠܝܐ ܥܡܗܘܢ ܡܢ ܬܘܒ ܥܡܡܝ. ܘܐܬܟܢܫ ܒܚܘܒܐ ܪܒܐ ܘܬܡܝܗܘܬܐ ܘܕܡܟܠ ܬܬܪܐܝܬ ܐܘ ܗܝܠܐ. ܘܐܡܪ ܡܒܥܐ. ܠܐ ܡܪܝܐ. . ܥܒܘܢ ܣܠܝܩܬܐ ܗܕܐ ܠܡܒܥܐ ܗܢܝ. ܐܘ ܐܝܟ ܠܗ ܠܚܝܕ ܡܢ ܟܬܒܐ ܕܚܝܐ. ܐܘ ܠܚܘܒܐ ܪܒܐ. ܐܘ̈ ܠܓܡܝܪܘܬܐ ܡܫܠܡܬܐ ܕܠܝܬ ܠܡܥܒܪ ܠܟܠ ܡܢܗ̇. ܡܬܡܠܠ ܒܦܪܗܣܝܐ ܥܒܕܐ ܠܘܬ ܡܪܗ. ܫܐܠ ܫܘܒܩܢܐ

[LIV.] ܠܥܡܐ. ܐܘ ܕܐܦ ܗܘ ܢܬܓܠܐ ܥܡܗܘܢ ܡܒܥܐ. ܡܢܘ ܗܟܝܠ ܒܟܘܢ ܚܠܝܡܐ. ܡܢܘ ܡܪܚܡܢܐ. ܡܢܘ ܕܡܠܐ ܚܘܒܐ. ܢܐܡܪ ܐܢ ܡܛܠܬܝ ܐܝܬܝܗܘܢ ܫܓܘܫܝܐ ܘܚܪܝܢܐ ܘܦܠܓܘܬܐ. ܐܢܐ ܡܬܪܚܩ ܐܢܐ. ܐܙܠ ܐܢܐ ܠܐܝܟܐ ܕܨܒܝܢ ܐܢܬܘܢ. ܘܥܒܕ ܐܢܐ ܗܠܝܢ ܕܡܬܦܩܕܢ ܡܢ ܥܡܐ. ܒܠܚܘܕ ܡܪܥܝܬܐ ܕܡܫܝܚܐ. ܬܫܬܝܢ ܥܡ ܩܫܝܫܐ ܗ̇ܢܘܢ ܕܩܝܡܝܢ ܒܗ̇. ܗܕܐ ܗܘ ܕܥܒܕ. ܫܘܒܚܐ ܪܒܐ ܗܘ ܠܗ ܒܡܫܝܚܐ ܢܩܢܐ. ܘܟܠ ܐܬܪܐ ܢܩܒܠܝܘܗܝ. ܕܡܪܝܐ ܗܝ ܓܝܪ ܐܪܥܐ ܘܡܠܘܐܗ̇ ܕܠܗ̇. ܐܝܠܝܢ ܕܗܠܝܢ ܡܬܕܒܪܝܢ. ܕܗܘܦܟܐ ܕܐܠܗܐ ܗܘ ܕܠܝܬ ܒܗ ܡܬܬܘܝܢܘܬܐ

[LV.] ܥܒܕܘ ܘܢܥܒܕܘܢ. ܀ ܐܡܬܠܐ ܕܝܢ ܕܐܦ ܚܢܦܘܬܐ ܕܡܠܟ̈ܐ ܢܝܬܐ ܠܟܘܢ. ܣܓܝܐܐ ܡ̈ܠܟܐ ܘܡܕܒܪ̈ܢܐ ܡܢ ܙܒܢܐ ܕܟ̈ܘܪܗܢܐ: ܕܟܕ ܗܘܐ ܕܐܘܠܨܢܐ ܐܘ ܕܟܦܢܐ ܡܫܠܡ ܗܘ ܥܠ ܥܡܐ: ܟܕ ܦ̈ܬܓܡܐ ܐܬܦܩܕܘ: ܐܫܠܡܘ ܢܦܫܗܘܢ ܠܡܘܬܐ: ܐܝܟܢܐ ܕܢܦܨܘܢ ܒܕ ܕܡܐ ܕܝܠܗܘܢ ܠܟܠ ܡܕܝܢܬܐ ܕܝܠܗܘܢ. ܣܓܝܐܐ ܢܦܩܘ ܡܢ ܡܕ̈ܝܢܬܐ ܕܝܠܗܘܢ. ܐܝܟܢܐ ܕܠܐ ܢܬܦܠܓܘܢ ܬܘܒ ܢܫܓܫܘܢ. ܝ̈ܕܥܝܢ ܣ̈ܓܝܐܐ ܒܢ ܕܐܫܠܡܘ ܢܦܫܗܘܢ ܠܐܣܘܪ̈ܐ. ܐܝܟܢܐ ܕܠܐܚܪ̈ܢܐ ܢܦܪܩܘܢ. ܣ̈ܓܝܐܐ ܢܦܫܗܘܢ ܐܫܠܡܘ ܠܥܒܕܘܬܐ. ܘܟܕ ܫܩܠܘ ܛܝ̈ܡܐ ܕܝܠܗܘܢ: ܬܪܣܝܘ

ܘܡܘܬܐ ܢܙܥܐ ܐܝܟܢ. ❖ ܦܪܫܘܢ ܘܫܠܡܗ ܘܫܠܡܘܢ ܕܢܚܐ ܕܡܪܝܡ: ܡܕܒܚܬܐ ܚܕܬ ܘܕܒܚܝܗܝ. ܠܘ ܡܛܠ ܒܠܬܐ ܡܕܡ ܐܚܪܬܐ ܐܬܦܠܚܘ ܒܗܢܐ ܫܘܡܠܝܐ ܘܐܒܕܘ: ܐܠܐ ܡܛܠ ܗܘ ܕܐܬܦܪܣܘ ܠܒܢܝܗܘܢ ܠܐ ܡܬܬܠܬܠܝܢ: ܡܢ ܒܬܪ ܕܗ̈ܘܝ ܐܬܘܬܐ ܘܬܕܡܪܬܐ ܕܐܬܦܠܚܘ: ܒܝܕ ܡܫܝܚܐ ܕܐܠܗܐ ܡܪܝܐ.

[LII.] ܦܪܢܐ ܕܝܢ ܒܥܒܕܐ ܕܒܗ ܕܒܬܪ ܡܫܝܚܐ. ܠܐ ܫܘܝܐ ܐܢܬܘܢ ܡܢܐ ܕܒܠ ܐܚܝ ܕܒܠܗܘܢ. ܘܠܐ ܒܠ ܡܕܡ ܫܘܝܢ: ܐܠܐ ܐܢ ܕܢܘܕܐ ܠܗ ܒܠܫܢ. ❖ ܐܡܪ ܕܝܢ ܕܒܝܬܐ ܕܝܫܝ. ܐܦܪܐ ܠܡܪܝ. ܘܬܦܢܐ ܠܗ ܗܕܐ ܬܘܒ ܡܢ ܐܘܪܚܐ ܕܩܕܡܬ: ܕܢܦܩ ܡܪܝܐ ܘܦܪܗܣܝܐ. ܢܚܘܢ ܡܫܦܠܢܝ ܘܢܚܕܘܢ. ܘܬܘܒ ܐܡܪ: ܕܢܚܬ ܠܐܠܗܐ ܕܡܚܬܐ ܕܫܒܘܚܬܐ. ܘܦܪܘܩ ܠܡܪܢܐ ܬܠܝܬܝ. ܘܢܪܗܛ ܒܫܘܡܐ ܕܐܘܠܝܢܐ. ܘܐܦܣܝܢ ܘܬܫܒܚܬܐ.

[LIII.] ܕܢܣܒܐ ܒܪ ܠܐܠܗܐ ܪܘܚܐ ܫܒܝܚܬܐ. ❖ ܡܕܡ ܐܝܬܘܗܝ ܒܪ ܐܢܫ. ܘܠܒܫܗ ܢܦܫ ܐܝܬܘܗܝ ܠܬܠܬܐ ܒܫܡܝܐ. ܘܐܕܝܢܬܗܘܢ ܒܥܠܝܐ ܕܐܠܗܐ. ܐܝܟ ܕܠܗܘܕܝܐ ܗܒܠ ܗܠܝܢ ܥܬܝܕܝܢ. ܒܪ ܕܝܢ ܫܠܡ ܡܘܫܐ ܠܛܘܪܐ ܘܒܟܐ ܬܘܡܬܐ ܐܪܒܥܝܢ ܘܐܪܒܥܝܢ ܠܠܝܘܬܐ ܐܪܒܥܝܢ ܒܝܘܡܐ ܘܒܡܡܡܒܐ. ܐܒܪ ܠܬܗ ܐܠܗܐ. ܘܫܘܬ ܒܓܒܠ ܡܢ ܗܘܒܐ. ܡܛܠ ܕܐܬܒܠ ܒܗܝܢ ܬܠܘܢ ܕܐܬܦܩܚ ܡܢ ܡܪܝܡ. ܒܕܪܘ ܦܠܝܠܐܝܬ ܡܢ ܐܘܪܚܐ ܗܘ ܕܦܩܕܬ ܐܝܟܢ. ܘܒܕܘ ܠܗܘܢ ܢܝܫܐ. ܘܐܡܪ ܡܪܝܐ ܠܗܘܢ. ܟܠܠܬ ܠܗܬܝܢ ܫܒܐ ܕܝܢ ܘܬܪܬܝܢ ܒܪ ܐܡܪ ܐܢܝ. ܫܘܐܬ ܠܡܚܐ ܗܢܝ. ܘܗܐ ܐܬܬܗܝ ܡܝܐ ܡܕܠܐ.

13 Cod. ܕܠܡܫܘ.

ܕܫܠܝܐ. ܗ̇ܢܘܢ ܕܢܬܓܠܘܢ ܘܢܬܛܝܒܘܢ. ܒܡܫܡܫܢܘܬܐ ܕܡܠܟܘܬܐ ܕܐܠܗܐ. ܡܛܠ ܓܝܪ. ܕܟܠܗ ܠܬܐܘܪܝܐ ܕܠܐ: ܘܣܟܠܬܐ ܪܘܚܢܝܐ ܕܢܒܥ ܟܕܡܐ: ܘܚܕܢܐ ܡܠܠ ܘܐܬܕܪܪ ܠܝܘܡܐ ܦܬܟܐ: ܘܐܬܡܫܚܘܢ ܡܢ ܩ̈ܢܘܡܐ ܕܠܒܘܢ. ܠܦ̈ܬܘܬܐ ܐܝܬܝܗ ܗܘܘ ܐܘ ܬ̈ܚܒܝܢ: ܐܠܘ ܠܦܘ̈ܩܕܢܐ ܕܐܠܗܐ ܚ̈ܒܝܒܝܢ ܗܘܘ ܒܐܘܡܢܘܬܐ ܕܡܫܝܚܐ: ܠܘܬ ܗ̇ܘ ܕܡܬܒܥܘܢ ܠܗ ܣܝ̈ܡܝܢ ܒܐܪ̈ܙܘܗܝ ܕܡܫܝܚܐ. ܀ ܡܛܠ ܓܝܪ: ܕܦܘܩܕܢܘܗܝ ܠܐܝܠܝܢ ܕܐܫܬܡܥܘ ܠܗܘܢ ܒܟ̈ܠܗܘܢ: ܘܠܗ̇ܢܘܢ ܕܐܬܚܫܒܘ ܠܗܘܢ ܬ̈ܦܢܝܗܘܢ. ܠܦܘܡܗܘܢ ܠܓܒܪܐ ܗ̇ܘ ܕܠܐ ܢܫܡܥ ܠܗ ܡܪܝܐ ܢܦܩܬܗ: ܘܐܟܠܐ ܐܝܟ ܢܟܠܐ ܒܦܘܡܗ. ܗܢܐ ܠܦܘܡܐ ܗܘ̇ܐ. ܟܠ ܗ̇ܢܘܢ ܕܐܬܒܪܝܘ ܡܢ ܐܠܗܐ ܒܝܕ ܝܫܘܥ ܡܫܝܚܐ ܡܪܢ.

[LI.] ܕܠܗ ܬܫܒܘܚܬܐ ܠܥܠܡܐ ܕܥܠ̈ܡܝܢ ܐܡܝܢ. ܀ ܟܠܗܘܢ ܗܟܝܠ ܗܠܝܢ ܕܐܬܓܒܝܘ ܘܡܓܒܝܢ ܒܝܕ ܡܪܢ ܡܢ ܗܠܝܢ ܕܗ̇ܘ ܕܠܡܘܟܠܝ. ܢܬܒܥܐ ܕܢܬܬ̈ܟܡܘܢ ܠܝ. ܘܐܦ ܗ̇ܢܘܢ ܕܝܢ ܕܗܘ̣ܘ ܪ̈ܫܐ ܕܓܘܫܡܐ ܘܕܦܠܓܘܬܐ ܢܒܚܝܢ. ܕܒܗ̇ܘ ܓܘܫܬܐ ܕܡܒܪ̈ܐ ܣܘܪ̈ܘܢ. ܗ̇ܢܘܢ ܓܝܪ ܕܒܡ ܕܢܒܠܬ ܐܠܗܐ ܘܣܒܪܐ ܡܬܕܪܟܝܢ. ܢܦܫܗܘܢ ܡܬܢܐܝܐ ܬܐܪܐܝܬ ܫ̈ܠܝܢ ܕܡ̈ܢܝܬܐ ܢܓܠܘܢ. ܐܘ ܟܠ ܩ̈ܪܝܒܘܗܝ ܡܟܐܠܠܘܢ ܡܬܠܝܢ ܒܕܠܝܒ. ܐܘ ܕܫܠܡܘܬܐ ܗ̇ܝ ܕܐܫܬܘܠܡܬ ܠܝ ܥܡܪܐܝܬ ܘܒܢܐܝܬ. ܥܡܪܐ ܓܝܪ ܠܒܪ̈ܢܫܐ ܕܒܗ̇ܘ ܟܠ ܥܒ̈ܕܘܗܝ. ܐܘ ܕܢܦܫܐ ܠܗ̇ܘ: ܐܝܟܢܐ ܕܐܬܦܩܕ ܠܗܘܢ ܕܗ̇ܢܘܢ ܕܥܓܠܘ ܠܡܘܟܠ ܡܫܝܚܐ ܕܐܠܗܐ ܒܡܫܟܢܐ: ܕܗ̇ܢܘܢ ܕܕܒܫܘܢ ܓܠܝܐ ܗܘ̣ܐ. ܢܣܒܘ ܓܝܪ ܠܥܡܠ ܒܕ ܢܦܫܐܝܢ.

14 ܘܡܬܓܒܝܢ] Apparently the original reading, but altered (pr. m.) to ܘܡܓܒܝܢ.

ܢܘܗܪܐ ܕܚܝܐ ܒܟܦܬܐ. ܟܠܗ ܓܝܪ ܗܢܐ ܡܬܪܐܡܬ ܕܢܘܗܪܐ ܐܝܬ ܠܗ ܒܡܢܘܢܘܬ ܬܪܝܢܘܬܐ ܢܝܚܐ. ܒܗܢܐ ܕܡܬܪܐܡܬ ܒܦܘܬܪ ܕܡܬܪ ܪܒ. ܘܕܢܒܬܐ ܗܘ ܕܒܗܬܪܐ ܠܓܘܐ

[XLIX.] ܠܟܠܢܫ. ܘܠܘ ܗܘ ܕܟܠܗ. ܗܘ ܕܐܝܬ ܠܗ ܚܘܒܐ ܒܡܫܝܚܐ. ܢܟܦ ܦܘܡܐ ܕܡܫܝܚܐ: ܐܝܟܢܐ ܕܚܘܒܐ ܕܐܠܗܐ. ܢܚܒܘܢ ܡܫܝܚ ܠܡܫܡܫܘ ܠܬܪܥܝܬܐ ܕܠܒܘܬܗ. ܢܚܒܘܢ ܕܢܦܩܘ ܠܒܐܒܐ ܪܘܚܐ ܗܘ ܕܠܗ ܢܦܩ ܚܘܒܐ. ܠܐ ܡܬܟܠܠܐ ܐܝܬܘܗܝ. ܚܘܒܐ ܢܦܩ ܠܝ ܠܐܠܗܐ. ܚܘܒܐ ܡܢܘܦܐ ܫܘܪܐ ܕܫܠܡܐ. ܚܘܒܐ ܟܠܗܝܢ ܢܦܫܬܐ. ܟܠܗܝܢ ܡܟܝܪ ܪܘܚܐ. ܘܠܐ ܡܕܡ ܒܦܘܡܐ ܒܚܘܒܐ. ܘܠܐ ܡܕܡ ܫܒܗܪܝܐ. ܚܘܒܐ ܦܩܘܕܝ ܠܝܬ ܒܗ. ܚܘܒܐ ܠܐ ܓܐܐ. ܚܘܒܐ ܟܠܗܝܢ ܚܒܪ ܒܫܘܝܘܬ ܬܪܝܢܘܬܐ. ܒܚܘܒܐ ܐܫܬܟܠܠܘ ܟܠܗܘܢ ܓܒܝ̈ܐ ܕܐܠܗܐ. ܦܓܪ ܡܢ ܚܘܒܐ ܠܡܫܦܪ ܐܢܫ ܠܐܠܗܐ ܠܐ ܡܫܟܚ. ܒܚܘܒܐ ܢܩܒ ܠܝ ܠܘܬܗ ܡܪܝܐ ܕܟܠ. ܡܛܠ ܚܘܒܐ ܗܘ ܕܗܘܐ ܠܗ ܠܘܬܢ. ܕܒܗ ܢܩܒ ܚܠܝܡ ܡܥܒܕ ܡܫܝܚܐ ܡܪܢ ܒܪܘܚܐ ܕܐܠܗܐ. ܘܒܦܘܪܣܗ ܚܠܦ ܒܣܪܐ ܕܟܠ.

[L.] ܘܢܦܫܗ ܚܠܦ ܢܦܫܬܐ ܕܟܠ. ܫܡ ܐܝܬܘܗܝ ܫܒܝܚܐ: ܕܐܝܟܢܐ ܡܕܡ ܪܒܐ ܘܬܡܝܗܐ ܐܝܬܘܗܝ ܚܘܒܐ: ܘܐܦ ܕܠܗ ܕܓܡܝܪܘܬܗ. ܠܝܬ ܡܠܬܐ ܡܕܡ ܕܦܫܩܐ ܕܬܫܬܥܝܘܢ ܗܘ ܐܠܐ ܐܢ ܒܚܘܒܐ. ܘܠܗܢܘܢ ܕܫܦܘܪܐ ܐܠܗܐ. ܢܬܒܥ ܗܘܠ ܫܒܝܚܐ. ܘܢܫܐܠ ܡܢ ܪ̈ܚܡܐ ܕܐܠܗܐ. ܐܝܟܢܐ ܕܒܚܘܒܐ ܢܬܚܫܒ. ܒܪ ܐܝܬܝܢ ܕܠܐ ܡܕܡ ܦܓܪ ܡܢ ܟܠ ܦܪܝܫܘܬܐ ܐܢܫܝܬܐ. ܦܪܝܫܐ ܕܢܬܚ ܒܟܒܐ ܕܚܝ ܕܟܬܪ ܦܝܫܬܐ. ܕܪ̈ܐ ܟܠܗܘܢ ܕܡܢ ܐܕܡ ܥܕܡܐ ܠܝܘܡܢܐ ܗܢܐ. ܥܒܪܘ ܠܗܘܢ. ܐܠܐ ܐܝܠܝܢ ܕܒܚܘܒܐ ܐܫܬܟܠܠܘ. ܐܝܬ ܠܗܘܢ ܒܡܠܟܘܬܐ ܕܐܠܗܐ. ܐܬܪܐ ܕܡܫܒ̈ܚܐ.

ܦܘ̈ܠܓܐ ܥܒܕܬܘܢ. ܐܠܐ ܦܘܠܓܐ ܗܘ ܕܗܝܕܝܟ. ܚܛܗܐ ܙܥܘܪܐ ܐܝܬܝ ܥܠܝܟܘܢ. ܦܠܝܓܬܘܢ ܓܝܪ ܗܘܝܬܘܢ ܠܘܬ ܫ̈ܠܝܚܐ ܐܝܠܝܢ ܕܒܐܝܕܗܘܢ ܕܣܗܝܕܝܢ ܗܘܘ: ܘܠܘܬ ܓܒܪܐ ܕܒܩܐ ܗܘܐ ܠܘܬܗܘܢ. ܗܫܐ ܕܝܢ. ܐܬܒܩܘ ܕܐܝܠܝܢ ܐܢܘܢ ܗܢܘܢ ܕܠܟܘܢ ܗܦܟܘ: ܘܠܫܒܝܚܘܬܐ ܕܪܚܡܬ ܐܚܘܬܐ ܕܠܟܘܢ ܒܨܪܘ: ܘܨܥܪܐ. ܥܣܝܪܬܐ ܐܝܬܝܗ̇ ܘܕܠܐ ܫܘܝܐ ܠܕܘܒܪܐ ܕܒܡܫܝܚܐ ܗܘܐ: ܬܫܬܡܥ ܕܡܫܪܪܬܐ ܗ̇ܝ ܡܫܒܚܬܐ ܥܕܬܐ ܕܩܘܪ̈ܝܢܬܝܐ: ܡܛܠ ܚܕ ܐܘ ܬܪܝܢ ܦܪ̈ܨܘܦܐ ܬܫܬܓܫ ܠܘܬ ܩܫܝ̈ܫܐ: ܘܗܕܐ ܫܡܥܬܐ ܠܐ ܒܠܚܘܕ ܠܘܬܢ ܡܛܬ: ܐܠܐ ܐܦ ܒܗ̇ܢܐ ܠܗ̇ܘܢ ܕܒܕܝܠܐ ܐܚܪܢܐ ܐܝܬܝܗܘܢ ܠܒܪ ܡܢܢ: ܐܝܟܢܐ ܕܓܘ̈ܕܦܐ ܢܬܬܬܘܣܦܘܢ ܥܠ ܫܡܗ ܕܡܪܢ. ܡܛܠ ܫܛܝܘܬܐ ܕܝܠܟܘܢ: ܘܥܠܝܟܘܢ ܕܝܠܟܘܢ ܡܣܬܘܣܦܐ ܬܟܬܘܫܐ.

[XLVIII.] ܢܥܩܘܪܝܗ̇ ܗܟܝܠ ܠܗܕܐ ܒܥܓܠ. ܘܢܦܠ ܩܕܡ ܡܪܝܐ ܘܢܒܟܐ ܟܕ ܡܬܟܫܦܝܢ ܠܗ. ܐܝܟܢܐ ܕܟܕ ܗܘܐ ܡܚܣܢܐ ܢܬܪܥܐ ܠܢ. ܘܢܗܦܘܟ ܢܬܝܒ ܠܢ ܠܘܬ ܒܢܝܚܘܬܐ ܗ̇ܝ ܡܕܒܪܢܘܬܐ ܕܝܠܢ ܕܪܚܡܬ ܐܚܘܬܐ: ܘܠܘܬ ܕܟܝܘܬܐ ܗ̇ܘ ܕܟܝܐ. ܬܪܥܐ ܓܝܪ ܕܙܕܝܩܘܬܐ ܠܘܬ ܚܝ̈ܐ ܕܦܬܝܚ ܐܝܬܘܗܝ ܗܢܐ. ܐܝܟܢܐ ܕܟܬܝܒ. ܦܬܚܘ ܠܝ ܬܪ̈ܥܐ ܕܙܕܝܩܘܬܐ. ܐܝܟܢܐ ܕܟܕ ܐܥܘܠ ܒܗܘܢ ܐܘܕܐ ܠܡܪܝܐ. ܗܢܘ ܬܪܥܗ ܕܡܪܝܐ. ܘܙܕܝ̈ܩܐ ܢܥܠܘܢ ܒܗ. ܀ ܟܕ ܗܟܝܠ ܬܪ̈ܥܐ ܣ̈ܓܝܐܐ ܐܝܬܝܗܘܢ ܕܦܬܝܚܝܢ. ܗܘ ܕܒܙܕܝܩܘܬܐ ܗܢܐ ܐܝܬܘܗܝ. ܕܒܡܫܝܚܐ. ܗܘ ܕܛܘ̈ܒܢܐ ܐܝܬܝܗܘܢ ܟܠܗܘܢ ܗܢܘܢ ܕܥܠܘ: ܘܬܪ̈ܨܝܢ ܡܕܒܪܢܘܬܐ ܕܝܠܗܘܢ ܒܩܕܝܫܘܬܐ ܘܒܙܕܝܩܘܬܐ: ܟܕ ܕܠܐ ܕܘܠܚܐ ܟܠܗܘܢ ܡܫܡܠܝܢ. ܢܗܘܐ ܐܢܫ ܡܗܝܡܢܐ. ܢܗܘܐ ܚܠܝܨܐ. ܕܝܕܥܬܐ ܢܒܥܐ. ܢܗܘܐ ܚܟܝܡ ܒܦܘܪܫܢܐ ܕܡ̈ܠܐ.

ܐܬܬܪܝܡܘ ܥܠܝܟ ܘܐܬܓܒܝܬܘܢ ܡܢ ܐܠܗܐ: ܒܕܘܒܪܢܐ ܕܟܠܗ
ܠܟܠܡ ܒܟܠܡ. ܀ ܠܡܐܡܪ ܗܟܝܠ ܬܫܒܘܚܬܐ ܙܕܩ ܠܝ ܕܢܩܦ [XLVI.]
ܐܦ ܣܡ ܐܢܫ. ܟܬܝܒ ܓܝܪ: ܕܢܦܩ ܠܡܕܒܪܐ. ܡܛܠ
ܕܐܝܠܝܢ ܕܢܦܩܝܢ ܠܗܘܢ. ܢܬܦܪܫܘܢ. ܘܬܘܒ ܒܕܘܒܪܬܐ
ܐܚܪܬܐ ܐܡܪ. ܟܕ ܟܝܢܐ ܕܢܦܫܐ ܕܟܝܐ ܗܘܬ. ܘܟܕ
ܟܝܢܗ ܟܝܢܐ ܬܗܘܐ. ܘܟܕ ܦܬܠܝܬܐ ܬܬܦܬܠ. ܢܦܩ
ܗܟܝܠ ܠܒܢܝܐ ܘܠܙܕܝܩܐ. ܐܬܚܙܝܘܢ ܕܝܢ ܗܠܝܢ. ܟܝܢܐ
ܕܐܠܗܐ. ܀ ܠܟܝܢܐ ܫܪܝܪܐ ܘܫܦܝܪܬܐ ܘܩܠܝܠܬܐ ܘܩܕܝܫܐ:
ܡܕܒܪܐ ܗܘܬ ܘܡܬܩܝܡܬܐ ܐܝܟ ܗܝ. ܐܘ ܠܐ ܚܕ ܐܠܗܐ ܐܝܬ
ܠܝ ܘܚܕ ܡܫܝܚܐ: ܘܚܕ ܪܘܚܐ ܕܩܘܕܫܐ ܗܘ ܕܐܬܒܪܝ
ܟܠܡ: ܘܚܕܐ ܐܝܬܝܗ ܦܪܘܫܬܐ ܒܡܫܝܚܐ. ܠܡܫܝܚܐ
ܡܟܠܝܢ ܘܡܟܠܗܕܝܢ ܠܗܕܡܐ ܕܡܫܝܚܐ: ܘܦܠܚܝܢ ܠܗܘܢ
ܦܓܪܐ ܕܟܠ: ܘܟܠܗ ܗܕܐ ܫܘܦܪܗ ܕܪܘܚܐ ܐܬܝܠܝ:
ܐܡܪܢܐ ܕܢܗܘܐ ܕܩܕܡܝܐ ܕܫܪܪܐ ܐܢܬܘܢ. ܐܬܕܒܪܘ ܠܩܕܡܐ
ܕܡܠܟܐ ܝܗܒ ܡܫܝܚܐ. ܐܡܪ ܓܝܪ: ܘܟܕ ܠܡܕܒܪܐ ܗܘ.
ܠܐ ܗܘܐ ܠܗ: ܐܠܐ ܠܟ ܐܬܝܠܕ: ܐܘ ܕܠܝܬ ܡܢ ܟܝܢܐ
ܕܠܐ ܢܦܩ. ܦܩܘ ܗܘܐ ܠܗ: ܐܠܐ ܪܓܝܓܐ ܗܘܬ ܪܘܚܐ
ܒܓܘܪܗ: ܘܡܬܠܒܒ ܒܢܦܫܗ. ܐܘ ܕܠܝܬ ܡܢ ܟܝܢܐ ܕܠܐ
ܢܦܘܩ. ܡܕܝܢܐ ܕܠܟܘܢ ܠܩܘܒܠܐ ܗܦܟܝܢ. ܠܩܘܒܠܐ
ܒܡܘܠܟܐ ܐܡܪ. ܠܩܘܒܠܐ ܒܡܘܕܥܐ. ܠܟܠ ܕܝܢ ܕܠܐ
ܒܡܫܬܐ. ܘܡܕܒܪ ܒܡܘܢܐ ܗܘ ܫܘܒܩܢܐ. ܗܟܢ [XLVII.]
ܡܢܕܪܫ ܒܡܘܗܒܬܗ ܠܐܓܪܬܐ ܕܩܘܒܠܐ ܦܘܠܘܣ
ܫܠܝܚܐ: ܡܫܝܚܐ ܕܡܕܡܝܐ ܒܬܪ ܠܗܘܢ ܒܫܘܪܝܐ
ܕܫܪܪܬܐ. ܒܫܪܪܐ ܪܘܚܢܝܬܐ ܒܬܪ ܠܗܘܢ ܡܛܠ ܢܦܫܗ
ܘܡܛܠ ܒܐܦܝܐ ܘܡܛܠ ܐܦܠܘܣ. ܡܛܠ ܕܐܦ ܗܢܝܢ.

7 ܕܝܢ] The ܝ is written (pr. m.) over ܘ. It is probable that ܗܘ stood originally in the place of ܕܝ.

ܕܫܒܝܩܐ ܠܗܘܢ. ܒܝܕܥܝܢ ܡܢ ܕܠܡܫܡܫܢܝ̇. ܐܝܬܝܗܘܢ ܕܫܒܝܩܝܢ ܐܢܘܢ. ܒܪ ܠܒܐܝܬ ܡܬܕܒܪܝܢ ܗܘܘ: ܡܢ [XLV.] ܬܫܡܫܬܐ ܗ̇ܝ ܕܐܬܝܗܒܬ̇ ܡܢܗܘܢ. ܕܢܣܒܘܢ ܚܝ̈ܠܐ ܐܝܬܝܗܘܢ ܐܝܟ.. ܘܠܒ̈ܢܝܢܐ ܡܛܠ ܗܠܝܢ ܕܠܐ ܠܡܣܒ ܠܦܘܪܥܢܐ. ܐܝܟ ܗܘ ܕܐܫܬܒܩܘܢ ܒܟܬ̈ܒܐ ܒܢ̈ܝܢܐ ܗ̇ܢܘܢ ܥܬ̈ܝܪܐ: ܗܠܝܢ ܕܒܝܬ ܙܘܓܐ ܡܕܡܝܢ. ܢܕܥܘܢ ܐܝܬܝܗܘܢ ܕܠܐ ܡܕܡ ܕܚܠܝܢ. ܐܦܠܐ ܕܒܢܝܐ ܒܬܪ ܒܗܘܢ. ܠܐ ܡܫܡܫܝܢ ܐܝܬܝܗܘܢ ܪ̈ܘܚܐ ܕܐܬܓܙܪܘ ܡܢ ܒܢܝ̈ܐ ܢ̈ܫܐ. ܐܬܓܪܫܘ ܪ̈ܘܚܐ. ܐܝܟ ܡܢ ܠܐ ܢ̈ܫܘܝܐ. ܐܬܝܕܥܘ ܒܝܬ ܐܦܝ̈ܐ. ܐܝܟ ܡܢ ܟ̈ܬܒܐ. ܐܬܓ̈ܙܪܘ. ܐܝܟ ܡܢ ܟ̈ܬܒܐ ܢܦܫܐ. ܐܬܦܠܓܘ. ܐܝܟ ܡܢ ܡܦܩܢܐ ܘܟ̈ܬܒܐ ܕܒܢܝܐ ܡܫܠܡܝܢ. ܘܒܪ ܗܠܝܢ ܫܡܥܝܢ ܗܘܘ: ܡܫܝܚܐܝܬ ܦܝܪܘ. ܡܛܠ ܡܢ ܐܡܪ ܐܝܟ. ܕܢܫܐܠ ܡܢ ܕܟܠܗ ܐܠܗܐ ܐܬܦܪܫ ܒܡܘܒܠܐ ܕܐܪ̈ܘܬܐ: ܐܦ ܚܝܠܐ ܘܡܕܪܫܐ ܘܡܫܡܫܢܘܬܐ: ܡܢ ܐܝܠܝܢ ܕܕܚܠܝܢ ܕܣܠܩܐ ܗ̇ܝ ܡܫܝܚܘܬܐ ܘܪܒܘܬ̇ ܦܐܘܬܐ ܕܡܪ̈ܝܡܬܐ: ܐܬܝܗܒܘ ܒܐܬܘܬܐ ܕܢܘܪܐ. ܠܐ ܟܠ ܟܠܗ ܗܕܐ ܗܘܬ. ✤ ܘܗܒ ܗܟܝܠ ܐܬܦܣܘ ܗ̇ܢܘܢ ܕܗܠܝܢ ܚܙܘ. ܦܩܝܕܐ ܘܕܒܠܝܢ ܠܗ ܒܝܡܬܐ: ܠܟܠܗ ܗܕܐ ܚܙܝܬܐ ܐܬܬܚܙܝܘ: ܐܝܟܢܐ ܕܠܗܘܢ ܕܡܬܪܚܩܐ ܚܫܝܒܬܐ ܘܕܠܐ ܡܕܡ ܦܠܚܝܢ ܠܐܠܗܐ ܒܬܫܡܫܬܐ ܢܦܫܗܘܢ: ܒܪ ܠܐ ܡܕܡ ܗܘܘ ܕܡܪܝܡܐ: ܡܫܡܫܢܐ ܘܡܬܬܒܥܢܐ ܕܗܠܟ ܗ̇ܢܘܢ ܕܬܐܪܬܐ ܕܒܝܬܐ ܦܠܚܝܢ ܠܫܡܗ ܡܛܠ ܒܟܠ ܐܝܬܘܗܝ. ܕܠܗ ܬܫܡܫܬܐ ܠܟܠܗܘܢ ܕܟܠܗܝ ܐܡܝܢ. ✤ ܐܝܠܝܢ ܕܝܢ ܕܡܫܡܫܝܢ ܒܬܟܠܬܝ. ܬܫܡܫܬܐ ܘܐܝܩܪܐ ܝܗܒܘ.

16 : ܕܡܪ̈ܝܡܬܐ] Cod. : ܕܡܪܝܐ.

ܐܬܘܢ ܐܘ ܫܒܝܚܐ. ܠܐ ܦܣܩ ܡܪܝ ܗܘܐ ܡܠܟܐ: ܕܗܪܐ ܒܬܪܐ ܗܘܬ ܕܬܗܘܐ. ܦܠܛ ܡܬܪܐܬ ܢܒܝ ܗܘܐ. ܐܠܐ ܡܛܠ ܕܠܐ ܕܗܘܐ ܢܗܘܐ ܒܐܣܛܪܐܛ ܗܒܝܐ ܚܒܝ. ܐܡܝܢܐ ܕܢܬܟܢ ܥܒܕܐ ܕܐܠܗܐ ܗܘ ܕܒܠܝܘܕܘܗܝ ܥܪܝܪܐ. ܕܠܗ ܬܫܡܫܬܐ ܠܥܠܡܐ

[XLIV.] ܕܥܠܡܝܢ ܐܡܝܢ. ܐܦ ܥܠܝܡܐ ܕܠܝ. ܒܪܗ ܓܝܪ ܡܪܢ ܡܫܒܚ ܡܫܡܫܢܐ: ܕܢܗܝܪܐ ܗܘܐ ܡܛܠ ܥܒܕܐ ܕܐܦܣܩܘܦܘܬܐ. ܡܛܠܠܗܕܐ ܒܠܬܐ: ܒܪ ܡܕܒܪܢܘܬ ܡܬܠܐ ܡܫܡܠܝܬܐ ܢܦܩܘ. ܐܡܝܢ ܠܗܘܢ ܕܦܪܚܘ ܐܬܐܬܪܘ. ܘܡܬܡܠܟܬܐ ܒܠ ܒܗܘܢܐ ܡܢܗ ܐܦ ܗܘܐ. ܐܡܝܢܐ ܕܐܢ ܐܢܫܝ ܡܫܡܘܢ ܢܫܒܩܘܢ: ܢܡܠܠܘܢ ܐܢܫܐ ܒܒܢܝ ܕܒܢܝܢ ܘܡܢܝܢܝܢ ܡܫܡܠܝܬܐ ܕܠܗܘܢ. ܠܗܘܢ ܗܒܠ ܕܡܢ ܗܢܘܢ ܐܬܬܩܢܘ: ܐܘ ܒܡܬܚܬܐ ܡܢ ܐܢܫܐ ܒܒܢܝ ܢܘܒܠܐ ܘܢܨܒܬܐ ܐܬܚܒܘ ܒܪ ܒܠܗ ܒܪܬܐ ܐܬܚܒܝܬ: ܐܡܣܪܐ: ܘܫܡܫܘ ܠܐ ܒܪܡܠܐܬ ܠܬܪܒܝܬܐ ܕܡܫܡܫܢܐ ܒܢ ܡܢܒܥܘܬ ܬܪܒܝܬܐ ܘܫܠܡܘܬ ܘܢܚܐܬ: ܒܪ ܡܬܬܗܕܝܢ ܗܘܘ ܒܢܝܢܐ ܦܠܓܝܢܐ ܡܢ ܚܠܝܨ. ܠܗܠܝܢ ܗܒܠ. ܠܗ ܕܒܐܢܐ ܦܬܟܪܝܢ ܕܐܬܝܬܝ: ܕܢܦܩ ܐܢܘܢ ܡܢ ܬܫܡܫܬܐ. ܣܓܝܐܐ ܓܝܪ ܠܗ ܕܒܥܘܪܐ ܢܗܘܐ ܠܝ: ܐܢ ܠܗܘܢ ܕܠܐ ܒܪܡܠܐܬ ܘܢܣܒܐܬ ܦܪܚܘ ܡܘܕܝܢܐ ܕܐܦܣܩܘܦܘܬܐ ܢܚܕܐ ܠܒܪ. ܠܡܫܝܚܘܢ ܓܝܪ ܠܡܫܡܫܢܐ ܗܢܘܢ ܕܦܪܚܘ ܚܝܘܗܝ: ܗܢܘܢ ܕܒܥܠܐ ܦܐܪܐ ܘܡܒܘܪܐ ܗܘܐ ܠܗܘܢ ܥܒܪܐ ܕܡܢ ܗܘܪܒܐ. ܠܐ ܓܝܪ ܦܠܛܝܢ ܕܕܠܡܐ ܐܝܟ ܢܗܘܘܢ ܐܢܘܢ ܡܢ ܕܗܘܬܐ ܗܝ

5 Cod. ܠܡܒܘ̄.

18 ܦܬܟܪܝܢ] The letters ܦܬܟܪ are written over an erasure.

ܘܠܡܫ̈ܡܫܢܐ ܕܫܠܝ̈ܚܘܗܝ ܕܟܬܝܒܝܢ ܗܘܘ ܠܡܫܡܫܢܘ. ܘܗܘܕܝ ܠܐ ܗܪܡܐܝܬ. ܡܢ ܒܬܪ ܕܬܢܐ ܦ̈ܘܠܚܢܐ ܟܬܒ ܗܘܐ ܡܠܠ ܐܦܝܣܩܘܦܐ ܘܡ̈ܫܡܫܢܐ. ܗܟܢܐ ܒܬܪ ܒܕܘܢ ܐܚܪ̈ܢܐ ܟܬܒܐ. ܐܝܟ ܐܦܝܣܩܘܦܐ ܕܠܗܘܢ ܒܕܝܩܘܬܐ.

[XLIII.] ܘܡ̈ܫܡܫܢܐ ܕܠܗܘܢ ܒܡܫܡܫܢܘܬܐ. ܘܗܟܢܐ ܬܗܘܐ: ܐܝܟ ܫܠܝ̈ܚܘܗܝ ܕܡܫܝܚܐ ܐܬܗܝܡܢܘ ܡܢ ܐܠܗܐ ܐܠܗܐ ܒܟܪܐ ܕܐܝܟ ܗܢܐ: ܐܡܝܢܘ ܠܫܠܝ̈ܚܘܗܝ ܕܦܪܥܘ ܐܬܐܡܪܘ: ܐܢܫܐ ܕܐܝܟ ܠܡܬܠܢܐ ܡܘܫܐ ܗܘ ܕܐܬܡܗܝܡܢ ܗܘܐ ܡܫܝܚܐ ܡܗܝܡܢܐ ܒܟܠܗ ܒܝܬܐ: ܗܠܝܢ ܕܐܬܦܩܕܝ ܠܗ ܟܠܗܝܢ ܪܫܡ ܒܟܬ̈ܒܐ ܒܫܘ̈ܢܐ: ܠܗܘ ܕܐܝܟ ܢܡܘܣܐ ܢܒ̈ܝܐ ܫܠܝ̈ܚܘܗܝ ܕܪܒܘܬܐ: ܟܕ ܦܩܕܝܢ ܥܠ ܗܠܝܢ ܕܡܢܗ ܐܬܬܦ̈ܩܕܝܢ ܒܢܡܘܣܐ. ܗܘ ܒܬܪ ܟܕ ܐܬܒܢܝܐ ܢܦܠ ܡܠܠ ܒܡܘܬܐ: ܘܫ̈ܠܝܚܝܢ ܗܘܘ ܫ̈ܪܟܬܐ ܟܠܗܝܢ ܕܐܘܪܫܠܡ: ܕܐܢܕܪܐ ܡܢܗܘܢ ܬܗܘܐ ܕܫܡܥܐ ܗܢܐ ܡܫܒܚܐ ܡܢܟܬܐ. ܟܕ ܠܬܪܥܣܪ ܬܪ̈ܥ ܫܒ̈ܛܐ. ܠܡܬܪܟܘ ܠܗ ܫܘܦܪܗܘܢ. ܟܕ ܟܬܒ ܥܠ ܟܠ ܚܕ ܡܢܗܘܢ ܫܡܐ ܕܚܕ ܫܒܛܐ ܗܘ ܕܠܗ. ܘܟܕ ܢܣܒ ܐܢܘܢ. ܐܣܪ ܘܚܬܡ ܐܢܘܢ ܒܥܙܩܬܐ ܕܬܪܥܣܪ ܫܒ̈ܛܐ. ܘܣܡ ܐܢܘܢ ܒܡܫܟܢܐ ܕܣܗܕܘܬܐ ܥܠ ܦܬܘܪܐ ܕܐܠܗܐ. ܘܟܕ ܐܚܕܗ ܠܡܫܟܢܐ. ܫܟܚ ܐܢܘܢ ܠܩܠܝܕܐ. ܗܘ ܗܟܘܬ ܐܦ ܠܬܪ̈ܥܐ. ܘܐܡܪ ܠܗܘܢ ܒܬܪܐ ܐܚܪܝ. ܫܪܟܬܐ ܗܝ ܕܢܘܚܐ ܫܘܦܪܗ: ܠܗܕܐ ܒܚܪܐ ܐܠܗܐ ܠܟܗܢܘ ܘܠܡܫܡܫܢܘ ܠܗ. ܟܕ ܕܝܢ ܗܘܐ ܢܦܪܬ. ܐܦ ܘܡܢܪܐ ܐܚܘܕܐ ܠܟܠܗ ܐܘܪܫܠܡ: ܠܥܬܝܕܐ ܫ̈ܠܝܚܐ ܕܒܬܪܗ. ܘܝܗܒ ܠܬܪ̈ܥ ܫܒ̈ܛܐ. ܘܦܬܚܗ ܠܡܫܟܢܐ ܕܣܗܕܘܬܐ. ܘܐܦܩ ܐܢܘܢ ܠܫܒ̈ܛܐ. ܘܐܬܚܙܝ ܫܒܛܐ ܗܘ ܕܐܗܪܘܢ. ܠܐ ܒܠܚܘܕ ܕܦܪܚ ܠܗ. ܐܠܐ ܐܦ ܕܐܝܬ ܒܗ ܦܐܪ̈ܐ. ܗܟܢܐ ܦܩܕܢ

ܫܒܝܩܝܢ. ܒܙܒܢܐ ܕܠܡܐ ܒܦܘܩܕܢܐ ܒܬܠܡܝܐ ܗܢܘܢ.
[XLI.] ܟܠ ܚܕ ܡܢܢ ܐܚ̈ܝ. ܒܛܓܡܐ ܗܘ ܕܝܠܗ ܢܫܦܪ ܠܐܠܗܐ. ܟܕ ܒܬܐܪܬܐ ܛܒܬܐ ܐܝܬܘܗܝ. ܘܟܕ ܡܫܡܠܐ ܩܢܘܢܐ ܕܬܫܡܫܬܗ ܗܘ ܕܡܬܝܗܒ ܒܢܟܦܘܬܐ. ܀ ܠܐ ܗܘܐ ܒܟܠܕܘܟ ܕܒܢܝܬܐ ܕܐܡܝܢܘܬܐ ܐܚ̈ܝ: ܐܘ ܕܨܠܘܬܐ: ܐܘ ܕܥܠ ܚܛܗܐ ܘܫܠܡܘܬܐ. ܐܠܐ ܒܐܘܪܫܠܡ ܒܠܚܘܕܝܗ. ܘܐܦ ܬܡܢ ܕܝܢ ܠܘ ܒܟܠܕܘܟܐ ܡܬܩܪܒܢ ܕܒ̈ܚܐ. ܐܠܐ ܩܕܡ ܗܝܟܠܐ ܠܘܬ ܡܕܒܚܐ. ܟܕ ܡܬܒܩܪ ܥܠ ܡܩܪܒܢܐ ܒܗܘ ܡܢܐ ܕܡܬܩܪܒ ܒܗ ܪܒ ܟܗܢܐ: ܘܟܕ ܗܠܝܢ ܡܬܥܒܕܢܐ ܐܚܪ̈ܢܐ ܕܦܩܕܗ ܐܬܩܪܒܘ. ܗܢܘܢ ܗܟܝܠ ܕܠܒܪ ܡܢ ܗܝ ܕܙܕܩܐ ܘܦܐܝܐ ܠܨܒܝܢܗ ܥܒܕܝܢ ܡܕܡ. ܡܘܬܐ ܐܝܬ ܠܗܘܢ ܡܫܬܒܪܢܐ. ܚܙܘ ܐܚ̈ܝ.. ܟܠ ܟܡܐ ܕܝܬܝܪ ܝܕܥܬܐ ܕܐܬܬܘܪ ܫܘܝܢܐ ܐܫܬܘܝܢ. ܒܠܚܘܕ ܗܢܐ ܣܘܪܚܢܐ ܡܣܬܟܢܝܢ ܬܘܒܬ ܡܢܕܘܥܘܗ.
[XLII.] ܫ̈ܠܝܚܐ ܠܢ ܣܒܪܘ: ܡܢ ܡܪܢ ܝܫܘܥ ܡܫܝܚܐ. ܝܫܘܥ ܡܫܝܚܐ. ܡܢ ܐܠܗܐ ܐܫܬܕܪ. ܡܫܝܚܐ ܗܟܝܠ ܡܢ ܐܠܗܐ. ܘܫ̈ܠܝܚܐ ܡܢ ܡܫܝܚܐ. ܗܘ̈ܝ ܗܟܝܠ ܬܪܬܝܗܝܢ ܡܦܣܐܝܬ. ܡܢ ܨܒܝܢܐ ܕܐܠܗܐ. ܟܕ ܗܟܝܠ ܦܘܩܕܢܐ ܢܣܒܘ ܫ̈ܠܝܚܐ: ܘܦܝܣܘ ܒܩܝܡܬܗ ܕܡܢ ܒܝܬ ܡܝ̈ܬܐ ܕܡܪܢ ܝܫܘܥ ܡܫܝܚܐ: ܘܐܫܬܪܪܘ ܒܡܠܬܐ ܕܐܠܗܐ ܒܝܕ ܦܠܝܪܘܦܘܪܝܐ ܕܪܘܚܐ ܩܕܝܫܐ. ܢܦܩܘ ܠܡܣܒܪܘ ܕܥܬܝܕܐ ܕܬܐܬܐ ܡܠܟܘܬܐ ܕܐܠܗܐ. ܟܕ ܗܟܝܠ ܒܟܠ ܐܬܪ̈ܘܢ ܘܡܕܝ̈ܢܢ ܐܟܪܙܘ: ܡܩܝܡܝܢ ܗܘܘ ܪ̈ܫܝܬܐ ܕܝܠܗܘܢ. ܟܕ ܒܩܘ ܒܪܘܚܐ ܩܕܝܫܐ. ܠܐܦܝܣܩܘܦ̈ܐ

2 ܐܚ̈ܝ] Cod. ܐܚܝ.
24 Cod. | ܠܐܦܝܣܩܘܦܐ. ܩܕܝܫܐ.

ܡܬܕܡܘܢ. ܥܒܕܘ ܕܝܢ ܗܢܘܢ ܕܡܥܒܪܝܢ ܒܒܢܝܬܐ ܕܠܒܢܐ:
ܕܒܢܝܢܗܘܢ ܐܦ ܚܕ ܒܢܝܗ ܒܙ ܒܢܝܗ ܕܠܒܢܐ ܐܬܪܝܢ.
ܢܦܠܘ ܬܡܢ. ܐܝܟ ܐܢܐ ܕܚܫܒܐ. ܘܡܢ ܦܪܥܐ ܒܙܒܢܐ
ܠܡܥܒܕ ܠܗ ܐܬܬܚܝܒܘ. ܡܢ ܗܢܐ ܕܠܐ ܡܬܚܫܚܝܢ ܗܘܘ
ܠܡܒܕܪܘ ܠܢܦܫܗܘܢ ܐܦܢܘ. ܢܦܫ ܒܗܘܢ ܘܡܢܗܘܢ: ܡܢ
ܗܢܐ ܕܠܝܬ ܗܘܐ ܒܗܘܢ ܚܟܡܬܐ. ܦܩܕ ܕܝܢ: ܐܘ
ܐܢܫ ܠܝ ܢܒܝܐ. ܐܘ ܐܢ ܠܫܢ ܡܢ ܡ̈ܠܐܟܐ ܩ̈ܕܝܫܐ
ܬܘܒܐ. ܐܦ ܒܪ ܠܡܥܠܝ ܦܠܛ ܘܫܒܩܐ. ܠܛܠܝܐ ܕܝܢ
ܡܚܒܬ ܛܒܝܐ. ܐܝܟ ܫܥܬ ܩ̈ܠܝܠܐ ܕܫ̈ܢܝܢ ܒܡܪܐ. ܐܠܝ
ܡܒܝܪܐ ܐܬܬܒܠ ܡܒܪܢܫܘܢ. ܠܪܘܚܐ ܢܗܘܘܢ
ܩ̈ܢܝܢܘܢ ܡܢ ܦܘܪܩܢܐ. ܘܬܬܢܝܚܘܢ ܘܬܬܒܣܡܘܢ ܒܠ
ܬܪ̈ܒܐ ܕܒܪܢܝ. ܘܠܐ ܢܗܘܐ ܗܘ ܕܡܦܪܩ. ܗܟܝܠ ܒܪ
ܕܒܢܘܗܝ ܠܒܝܬ ܐܒܗܬܐ ܢܬܒܠܘܢ. ܗܢܘܢ ܕܝܢ ܡܢ ܕܒܥܬܝ
[XL.] ܠܐ ܢܗܘܘܢ ܡܫܩܘܠܐ. ✣ ܒܙ ܗܟܢܐ ܗܟܝܠ ܡܬܒܥܝܐ
ܦܬ̈ܠܘܬܐ ܐܬܚܙܝܘ ܠܝ ܐܢܫ: ܘܡܫܒ̈ܚܬܐ ܕܡܒܥܬܐ
ܐܠܗܘܬܐ ܐܕܒܪܢ: ܒܠܒܪ ܕܠܒܫܢܐ ܫܒܝܢ ܠܡܒܕܪ:
ܐܡܒܢܐ ܕܒܪܝ ܦܓܪ ܕܢܨܒܬܐ ܩ̈ܪܒܢܐ ܕܡܠܟܝܢ.
ܡܘܪ̈ܒܢܐ ܒܝܬ ܘܬܫ̈ܡܫܬܐ. ܠܗ ܡܘܗܒܬ ܐܘ ܠܐ
ܡܠܟܘܬ ܓܒܪ ܕܢܗܘܘܢ. ܐܠܐ ܒܒ̈ܢܝܐ ܕܡܬܚܫܒܝܢ.
ܘܒ̈ܢܝܐ ܒܝܬ ܒܕܘܟ: ܘܐܦ ܕܒܥܒ ܐܝܟܢ ܕܢܓܒܐ
ܕܢܬܡܠܠܘܢ: ܗܘ ܬܒܪ ܒܬܪܥܘܬܗ ܡܫܠܡܬܐ. ܐܡܒܢܐ
ܕܒܙ ܒܠܗܘܢ ܢܫܡܥܘܬ ܢܗܘܘܢ: ܢܓܒܐ ܕܡ̈ܩܒܠܬܐ ܢܗܘܘܢ
ܠܓܒܗ. ܐܝܟܢ ܗܟܝܠ ܕܩ̈ܪܒܢܐ ܕܦܓܪܝܢ ܚܒܪܝܢ ܠܡܘ̈ܪܒܢܐ
ܕܠܗܘܢ: ܡܩ̈ܒܠܐ ܒܝܬ ܐܬܬܚܝܒܘ ܘܦ̈ܠܚܬܢܐ. ܒܙ
ܒܪ ܠܡ̈ܬܚܫܒܐ ܕܒܪܝ ܢܦܩܝܢ ܠܐ ܫܠܝܢ. ܠܬܪܝܢ ܚ̈ܫܒܐ
ܒܪ: ܬܫ̈ܡܫܬܐ ܡܬܒܥܝܐ ܐܬܚܝܒܘ ܕܡ̈ܫܒܢ. ܘܠܡ̈ܫܝܚ
ܒܕܘܟ̈ܝܬܐ ܡܬܒܥܝܐ ܦܓܪܐ. ܩ̈ܠܝܠܝ ܒܬܫ̈ܡܫܬܐ ܕܠܒ̈ܝܬܐ

[XXXVIII.] ܢܬܬܘܒ ܗܝܠ ܟܠܗ ܦܓܪܐ ܕܠܝ ܒܡܟܝܟܘܬܐ. ܘܢܬܬܟܒܕ ܟܠ ܚܕ ܡܢ ܠܣܕܘܪܗ. ܐܝܟܢܐ ܕܐܬܬܣܝܡ ܒܡܫܘܚܬܗ. ܫܠܛܢܝ ܢܐܓܦ ܕܡܫܝܠܐ. ܡܫܝܠܐ ܕܝܢ ܬܬܚܫܒ ܡܢ ܫܠܛܢܐ. ܟܬܒܐ ܒܪܘܟ ܠܡܫܡܥܢܐ. ܡܫܡܥܢܐ ܕܝܢ ܢܗܘܐ ܠܐܠܗܐ: ܕܢܩܒ ܠܗ ܒܪܢܫܐ ܗܘ ܕܒܐܝܕܘܗܝ ܡܬܕܠܢܐ ܫܘܪܬܗ. ܣܒܝܪܝ ܢܘܗܪܐ ܣܟܠܘܬܗ. ܠܐ ܒܟܠܝ ܐܠܐ ܒܟܬܒܐ ܦܓܪܐ. ܗܘ ܕܡܬܕܒܪܐ ܒܟܒܪܝܬܐ ܠܐ ܢܦܩܘܕ ܥܠ ܢܦܫܗ. ܐܠܐ ܡܢ ܐܚܪܢܐ ܢܬܦܩܕ ܥܠܘܗܝ. ܗܘ ܕܐܝܬܘܗܝ ܕܒܢܐ ܒܡܫܪܝܢ ܠܐ ܢܬܬܦܠ. ܟܕ ܢܪܟܢ: ܕܐܚܪܢܐ ܐܝܬܘܗܝ ܗܘ ܕܡܫܡܠܐ ܠܗ ܠܗ ܠܚܢܘܬܗ. ∴ ܬܬܒܥܐ ܗܝܠ ܐܬܘ: ܕܡܢ ܐܪܥܐ ܗܘܠܐ ܗܘܝܢ: ܕܕܐܡܝ ܐܝܠܝܢ ܕܠܝܢ ܠܟܠܗܝܢ: ܕܟܕ ܡܢ ܐܪܥܐ ܡܬܪܐ ܘܣܘܥܪܢܐ ܗܘ ܕܟܠܒܠ ܘܟܒܪ ܠܝ: ܐܟܠ ܠܝ ܠܟܠܗܘܢ ܗܢܐ ܕܠܗ: ܟܕ ܦܩܕ ܠܗܒ ܒܡܕܪܫܐ ܕܠܗ ܦܩܕ ܕܣܝ ܢܗܘܐ. ܟܕ ܗܟܝܠ ܗܠܝܢ ܟܠܗܝܢ ܡܢܗ ܐܬܬ ܠܝ. ܬܬܒܝܢ ܕܢܗܘܐ ܠܗ. ܕܠܗ ܬܬܡܫܚܬܐ ܠܟܠܗܝܢ ܕܟܠܗܝܢ ܐܡܝܢ. ∴ ∴

[XXXIX.] ܩܠܝܠܐ ܘܣܘܥܪܢܐ ܪܒܢܐ ܘܬܠܬܐ ܘܠܐ ܪܕܝܐ ܡܬܚܫܒܝܢ ܒܗ ܘܡܬܡܠܠܝܢ. ܟܕ ܪܓܝܢ ܕܢܦܫܗܘܢ ܢܩܒܠܘܢ ܒܬܪܥܝܬܗܘܢ. ܡܒܝܢܐ ܓܒܪ ܡܬܚܫܒ ܡܫܘܚܬܐ. ܐܘ ܩܢܘ ܚܝܠܐ ܕܠܒܐ ܐܪܒܥܐ. ܟܬܒ ܓܒܪ. ܠܝܬ ܗܘܐ ܕܡܫܘܚܬܐ ܦܩܕ ܩܢܝܢ. ܐܠܐ ܒܣܬܪ ܘܠܐ ܥܒܕ ܗܘܬ. ܡܒܝܢܐ ܓܒܪ. ܠܐ ܗܘܐ ܣܟܠܐ ܐܝܬܘܗܝ ܒܪܢܫܐ ܦܩܕ ܒܪܢܫܐ: ܐܘ ܡܢ ܒܢܝ̈ܐ ܕܠܗ ܠܐ ܒܕܠܐ ܗܘ ܠܒܢܝ. ܐܘ ܟܠ ܒܢܝ̈ܐ ܕܠܗ ܢܗܘܘܢ. ܟܠ ܩܠܐܠܐ ܕܝܢ ܕܠܗ. ܒܦܩܕ ܦܩܕܐ ܐܬܪܒܝ. ܡܫܡܥܐ ܕܝܢ ܠܐ ܐܝܬܘܗܝ ܕܒܢܐ

10 Cod. ܠܗ̇ ܠܗ.

ܒܗܢܐ ܕܡܫܝܠ ܫܡܥܐ ܗܘ ܕܝܪܬ. ܒܬܪܟ ܓܒܪ ܗܕܝܐ. ܗܘ ܕܢܟܣ ܬ̈ܠܡܝܕܐ ܕܝܠܗ ܪܘܚܐ: ܘܡܫܡܫܢܐ ܕܝܠܗ ܠܫܠܡܘܬܐ ܕܢܘܪܐ. ✠ ܒܠ ܒܪܗ ܕܝܢ ܡܫܝܚܐ ܐܦܢܝ ܡܪܢܐ ܕܟܠ. ܒܪܐ ܕܝܠܗ ܐܢܬܘܢ ܐܝܬ. ܐܝܟ ܡܫܒܚܐ ܠܓܒܟ. ܢܦܠ ܡܢܝ ܘܐܬܠ ܠܟ. ܒܬܫܒܚܬܐ ܠܢܦܫܬܟ. ܘܐܘܫܥܢܝ ܒܒܪܘܟܗ ܕܐܒܪܐ. ܘܬܘܒ ܐܦܢܝ ܠܬܘܬܗ. ܬܒ ܡܢ ܡܫܝܚ. ܒܕܡܘܬܐ ܕܐܝܟܢ ܒܟܠܕܒܢܝ ܒܘܟܪܐ ܬܘܒܬ ܬ̈ܓܠܝܢ. ܬܒܘ ܗܟܢ ܐܬܬܫܘ̈ܢ ܒܠ̈ܕܒܒܐ. ܕܒܢܝ̈

[XXXVII.] ܘܐܝܠܝܢ ܕܢܩܒܘ ܫܘܒܠܬܐ ܠܗܘܠ ܡܫܝܚܐ. ܢܦܠܘ ܗܝܠ ܓܒܪܐ ܐܝܟ ܡܢ ܟܠܗ ܢܦܠܬܬܐ ܒܡ̈ܥܡܕܢܘܬܗܝ ܕܠܐ ܡܣܡ. ܗܦܟܐ ܒܗܘܢ ܕܡܟܠܝܢ ܡܢ ܡܕܒܪܢܐ ܘܪ̈ܚܝܢܐ ܕܝܠܝ: ܕܐܝܢܢܐ ܡܦܣܩܐܝܬ: ܕܐܝܢܢܐ ܪܚܡܐܝܬ: ܕܐܝܢܢܐ ܡܡܒܕܐܝܬ: ܡܫܡܠܝܢ ܟܠܗܘܢ ܗܠܝܢ ܕܦܘܩ̈ܕܢ. ܠܐ ܟܠܗܘܢ ܐܝܬܝܗܘܢ ܐܘܦܐܪ̈ܟܐ. ܐܠܦܐ ܪ̈ܝܫ ܐ̈ܠܦܐ ܪ̈ܝܫ ܡ̈ܐܘܬܐ. ܘܐܠܦܐ ܪ̈ܝܫ ܚܡܫܝܢ. ܘܐܠܦܐ ܗܠܝܢ ܕܒܬܪܗܘܢ. ܐܠܐ ܟܠܗܝ ܡܢܗܘܢ ܒܦܘܫܩܐ ܗܘ ܕܝܠܗ. ܗܠܝܢ ܕܡܬܦܩ̈ܕܝܢ ܡܢ ܩܠ̈ܝܠܐ ܘܡܢ ܪ̈ܫܝܢ ܡܫܡܠܝܐ. ܗܠܝܢ ܪ̈ܘܒܐ ܗܦܟ ܡܢ ܗܠܝܢ ܕܒܘܪܝ ܠܐ ܡܫܡܠܝܢ ܠܚܘܒܐ. ܘܐܠܦܐ ܗ̇ܢܘܢ ܕܒܘܪ̈ܐ ܗܦܟ ܡܢ ܗܠܝܢ ܪ̈ܘܒܐ. ܡܫܡܠܝܢܘܬܐ ܡܕܡ ܐܝܬܝܗ̇ ܒܟܠܗܘܢ. ܘܗܠܝܢ ܐܝܬܝܗ̇ ܚܣܝܪܬܐ... ܢܦܩ ܠܬܫܘܝܬܐ ܦܓܪܐ ܕܝܠܝ. ܪܫܐ ܗܦܟ ܡܢ ܪ̈ܓܠܐ ܘܠܐ ܡܕܡ ܐܝܬܘܗܝ. ܗܢܘܢ ܘܐܠܦܐ ܪ̈ܓܠܐ ܗܦܟ ܡܢ ܪܫܐ. ܗܠܝܢ ܕܝܢ ܗ̈ܕܡܐ ܕܦܓܪܐ ܕܝܠܝ ܕܐܝܬܝ ܘܒܘܪܝ. ܬ̈ܠܝܢܐ ܐܝܬܝܗܘܢ ܠܟܠܗ ܦܓܪܐ ܘܡܫܡ̈ܠܝܢ ܚܣܝܪܬܐ. ܐܠܐ ܟܠܗܘܢ ܫܘܝܘܬ ܢܫܡܬܐ ܐܝܬ ܠܗܘܢ ܡܢ ܗ̈ܕܡܝ. ܘܫܘܡܠܝܐ ܚܕ ܡܬܚܫܒܝܢ: ܠܘܬ ܗ̇ܝ ܕܫܘܬܦܘ. ܟܠܗ ܦܓܪܐ.

ܦܪܗܣܝܐܝܬ ܥܘܒܕܢܐ ܕܝܠܗ ܘܠܐ ܢܣܒܬ ܐܦܣܢܝܐ. ܐܝܠܝܢ ܓܝܪ ܕܗܠܝܢ ܦܚܡܝܢ. ܩܫܝܐ ܠܐܠܗܐ ܐܬܚܙܝܘ. ܘܠܐ ܗܘܐ ܒܠܚܘܕ ܐܝܠܝܢ ܕܦܚܡܝܢ ܠܗܝܢ. ܐܠܐ ܐܦ ܐܝܠܝܢ ܕܢܚܡܢ ܒܗܘܢ ܐܚܪܢܐ. ܐܡܪ ܓܝܪ ܒܬܒܐ. ܠܣܢܐܐ ܕܝܢ ܐܡܪ ܠܗ ܐܠܗܢ. ܠܡܚܝܢܐ ܐܢܬ ܡܫܬܒܚܬܐ ܐܢܬ ܘܙܩܦܐ ܕܝܠܗ: ܘܢܦܩܬ ܐܢܬ ܡܢܟܐ ܕܝܠܗ ܒܝܫ ܦܘܡܟܝ. ܐܢܬ ܕܝܢ ܗܦܝܟܬ ܡܢ ܕܘܒܪܢܐ. ܘܒܝܫܬ ܬܟܠ ܠܒܣܬܪܟܝ. ܐܦ ܫܢܐ ܗܘܝܬ ܒܒܝܬܐ ܪܘܚܐ ܗܘܝܬ ܒܒܟܝܐ. ܘܒܟܝ ܒܓܪܝ ܡܬܝܬܝ ܗܟܢ ܗܘܝܬ. ܦܘܡܝܟܝ ܚܟܝܡܐ ܗܘܐ ܒܡܠܘܬܐ. ܘܠܥܝܢܝܟܝ ܡܚܙܝܠ ܗܘܐ ܒܥܠܘܬܐ. ܟܕ ܢܦܩ ܗܘܝܬ ܒܠ ܐܝܟ ܡܡܠܠ ܗܘܝܬ. ܘܟܠ ܟܪ ܐܡܪܝܢ ܗܟܢ ܗܘܝܬ ܒܠܐ. ܗܠܝܢ ܒܒܪܬ ܘܓܢܬܝܬ. ܡܒܪܬ ܠܐ ܢܬܡܣܝܐ ܕܐܡܗܐ ܕܥܡܐ ܐܢܐ ܠܟܝ. ܐܟܬܝܒܝܢ ܘܐܝܟܢܐ ܩܕܡ ܦܪܘܣܦܝܢ ܫܠܡܝܢ. ܐܬܬܚܠܘ ܡܛܠ ܗܠܝܢ. ܒܠܒܗܘܢ ܗܠܝܢ ܕܐܬܝܢ ܠܐܠܗܐ. ܕܠܒܐ ܢܣܒܘܢ ܐܝܟ ܐܢܐ: ܘܠܐ ܢܗܘܐ ܐܢܬ ܗܘ ܕܡܚܝܐ. ܕܒܝܬܐ ܕܡܫܒܚܬܐ ܬܫܒܚܢ. ܘܬܬܡ ܐܝܟܢܐ ܗܘ ܕܐܡܗܐ ܠܗܘܢ ܦܘܪܢܐ ܕܐܠܗܐ. ✣

[XXXVI.] ܗܕܐ ܗܝ ܗܘ ܐܦܝܣܩܘܦܐ ܦܘܬܝܢܘܣ. ܗܘ ܕܒܗ ܐܫܬܡܥ ܦܘܪܢܣ: ܠܢܘܗܪ ܡܫܝܚܐ ܗܘ ܕܝܢ ܒܬܪܐ ܕܦܘܪܩܢܐ ܕܝܠܗ: ܠܗܘ ܡܢܘܚܐ ܘܡܕܒܪܢܐ ܕܡܫܝܚܘܬܐ ܕܝܠܗ. ܡܛܠܬܗ ܕܬܘܟܠܐ ܒܝܘܡܐ ܕܫܒܬܐ. ܡܛܠ ܗܕܐ ܫܢܝܐ ܐܝܟ ܕܒܡܫܝܚܘܬܐ: ܠܫܒܬܗ ܗܝ ܡܒܠܥܬܐ ܘܕܠܐ ܡܦܡ. ܡܛܠ ܗܕܐ ܐܦ ܐܬܓܠܝ. ܚܝܐ ܕܠܒܗܘܢ ܒܗ ܗܢܐ ܬܪܒܝܬܗ ܗܝ ܡܫܒܚܬܐ ܘܕܠܐ ܗܘܒܠ: ܓܘܫܐ ܘܪܘܪܐ ܒܠܘܕܝܢܐ. ܒܗ ܗܢܐ ܙܒܢܐ ܗܘ ܡܚܘܐ ܕܒܠ: ܕܫܘܬܐ ܕܐܒܪܗܡ ܚܝ ܢܦܫܗ. ܗܘ ܕܒܗ ܐܛܠܘܣ ܙܒܢܐ ܕܪܒܘܬܗ: ܒܠܗ ܗܢܐ ܐܛܠܘܣ ܕܪܒ ܡܢ ܩܠܝܠܐܝܬ.

ܗܘ ܕܒ̈ܢܝܫܐ ܕܡ̈ܬܠܐܟܘܗܝ: ܕܐܝܟܢܐ ܠܝܚܝܕܐ ܕܠܗ ܡܫܡܫܝܢ: ܟܕ ܩܝܡܝܢ ܩܕܡܘܗܝ. ܐܡ̇ܪ ܓܝܪ ܒܟܬܒܐ. ܪ̈ܒܘ ܪ̈ܒܘܢ ܩܝܡܝܢ ܩܕܡܘܗܝ. ܘܐܠܦ ܐ̈ܠܦܝܢ ܡܫܡܫܝܢ ܠܗ. ܘܡܩܕܫܝܢ ܗܘܘ: ܩܕܝܫ ܩܕܝܫ ܩܕܝܫ ܡܪܝܐ ܨܒܐܘܬ. ܡ̈ܠܝܐ ܫܡܝܐ ܘܐܪܥܐ ܡܢ ܬܫܒܘܚܬܗ. ܀ ܐܦ ܚܢܢ ܗܫܐ ܟܕ ܒܐܘܠܨܢܐ ܐܟܚܕܐ ܡܬܟܬܫܝܢ ܒܚܕܐ ܬܐܪܬܐ. ܐܝܟ ܕܡܢ ܚܕ ܦܘܡܐ ܢܩܒܠ ܠܘܬܗ ܫܘܠܛܢܘܬܗ: ܕܢܗܘܐ ܬܘ̈ܬܒܐ ܕܡ̈ܠܐܟܐ ܕܠܗ ܗܠܝܢ ܪ̈ܘܚܢܐ ܘܢ̈ܘܪܢܐ. ܐܡ̇ܪ ܓܝܪ. ܕܗܠܝܢ ܕܥܝܢܐ ܠܐ ܚܙܬ: ܘܐܕܢܐ ܠܐ ܫܡܥܬ: ܘܥܠ ܠܒܐ ܕܒ̈ܢܝܢܫܐ ܠܐ ܣܠܩ: ܛܝܒ ܡܪܝܐ ܠܪ̈ܚܡܘܗܝ ܕܪܚܡܝܢ ܠܗ. ܀ ܡܢܐ ܠܦܬ̈ܓܡܝ ܘܬܫ̈ܒܚܬܗ ܬܫ̈ܒܘܚܬܐ

[XXXV.] ܕܐܠܗܐ ܚܝܐ. ܫܒ̇ܚ ܟܠܐ ܡܚܝܠܬܬܐ. ܬܩܝܦܘܬܐ̇ ܒܪ̈ܫܝܘܬܐ. ܥ̈ܕܪܐ ܒܦܐܪ̈ܘܫܝܐ. ܗܝܡܢܘܬܐ̇ ܒܬܚܝܠܬܐ. ܚܝܘܬܐ̇ ܒܡܕܝܢܬܐ. ܘܗܠܝܢ ܟܕ ܡܫܬܟ̈ܚܢ ܢܦܫܬ ܬܪ̈ܝܨܬ. ܗܟܢܐ ܗܫܐ ܐܬܬܣܝܡ ܟܕ: ܗܠܝܢ ܕܡ̈ܦܠܚܝܢ ܠܪ̈ܚܡܘܗܝ ܕܡܫܝܚܝܢ. ܚܕܘܪܐ ܕܟܠ ܘܐܝܟܢܐ ܕܡ̈ܠܟܐ ܗܘ ܩܕܝܫ ܟܠ. ܗܘ ܢܟܪ ܠܡܫܝܚܘܬܐ ܕܠܗܝܢ ܘܠܦܠܚܘܬܐ. ܚܢܢ ܗܫܐ ܢܬܟܬܫ: ܕܢܫܬܘܚ ܒܡܚܝܢܐ ܕܪ̈ܚܡܘܗܝ ܕܡܫܝܚܝܢ ܘܡܫܒܚܝܢ: ܐܝܟܢܐ ܕܢܫܬܘܬܦ ܒܡܩܘ̈ܡܬܐ ܗܠܝܢ ܕܡ̈ܠܐܟܐ. ܐܝܟܢܐ ܕܐܦ ܬܗܘܐ ܗܕܐ. ܐܝܟ ܡܫܪ̈ܪܬܐ ܬܗܘܐ ܬܪܥܝܬܐ ܕܠܗ ܟܕ ܗܘ ܡܫܬܡܠܝܢܘܬܐ ܠܘܬ ܐܠܗܐ. ܐܝܟ ܢܒܝܐ ܗܠܝܢ ܕܢܦ̈ܩܝ ܘܡܩ̈ܒܠ ܠܗ. ܐܝܟ ܢܥܒܠܐ ܗܠܝܢ ܕܐܠܝܨܝܢ ܠܝܚܝܕܐ ܕܚܝܐ: ܘܢܦܩ ܠܐܘܪܚܐ ܕܫܪ̈ܪܐ. ܐܝܟ ܢܫܪܐ ܡܢ ܟܠܗ ܚܠܠܬܐ ܘܟܢܫܘܬܐ: ܚܠܡܘܬܐ: ܣܢܝܐ: ܒܥܩܬܐ ܘܐܝܟ ܚܢܬ ܘܢܦܠܐ: ܠܗܘܢܐ ܚܢܬ ܘܡܬ̈ܟܠܠܐ ܕܟܠ ܣܘ̈ܪܐ: ܗܝܡܢܘܬܐ ܕܗܝ ܐܠܗܐ ܘܡܫܒܪܘܬܐ ܘܡܫܟܠܠܬܐ:

ܒܐܘܚܕܢܗ ܓܝܪ ܗܘ̇ ܕܛܥܝܢ ܡܢ ܟܠ ܙܒ ܘܡܟܠܒ ܥܡܡܐ ܐܡܝܢ. ܘܒܡܫܡܠܝܘܬܗ ܠܐ ܡܬܬܙܝܥܢܘܬܐ. ܢܬܒܥ ܐܝܟܢ. ܠܐܢܫܐ ܥܡܗ ܦܪܥ ܡܢ ܚ̈ܛܗܐ ܗܠܝܢ ܕܡܢܝܢ ܗܘܘ ܠܗ̇. ܘܦܬܬܗ ܟܠ ܫܘܐܠܬܐ ܘܡܢܝܢܬܐ ܘܠܐ ܡܬܟܠܠܢܝܬܐ ܕܐܝܬܘܗܝ. ܣܘܬܐ ܥܡܗ ܗܠܝܢ ܕܒܗ ܡܫܬܠܡ. ܒܦܘܪܩܢܐ ܕܠܗ ܦܓܪ ܕܢܗܘܐ. ܡܟܐ ܘܣܘܬܐ ܗܠܝܢ ܕܒܗ ܒܗ ܦܪܩ ܢܒܥ. ܣܓܝ ܒܣܠܐ ܕܠܗ. ܒܬܪ ܟܠܗܝܢ ܒܪܝܫܐ ܗܘ ܕܛܥܝܢ ܡܢ ܟܠܗܝܢ ܡܟܠܒ ܘܦܠܓ ܙܒ. ܒܐܚܪܝܐ ܕܠܗ ܡܫܥܬܐ ܘܕܠܐ ܡܘܡ ܓܒܠ ܕܗܡܝܢܐ ܕܝܠܗ. ܗܟܢܐ ܓܝܪ ܐܡܪ ܐܠܗܐ. ܢܒܪܐ ܒܪܝܫܐ ܒܝܠܗܝܢ ܘܒܕܡܘܬܗ. ܘܒܪܐ ܐܠܗܐ ܠܒܪܢܫܐ. ܕܒܪ ܘܢܩܒܐ ܒܪܐ ܐܢܘܢ. ⁘ ܟܕ ܗܟܝܠ ܟܠܗܝܢ ܗܠܝܢ ܥܒܠ. ܦܠܚ ܐܢܝ. ܘܒܪܝ ܐܢܝ. ܘܐܡܪ ܒܪܘ ܘܣܓܘ. ⁘ ܢܚܐ ܕܒܒ̈ܪܬܐ ܦܬ̈ܟܐ ܕܒܪܗ ܟܠܗܘܢ ܕܢ̈ܫܡܐ. ܘܐܦ ܗܘ ܕܝܢ ܡܢܗܘܢ. ܟܕ ܒܒܪ̈ܬܐ ܦܬ̈ܟܐ ܢܬܒܥ ܗܘ ܠܗ ܣܒܐ. ⁘ ܟܕ ܗܟܝܠ ܐܝܬ ܠܝ ܗܢܐ ܦܘܫܩܐ ܘܕܡܘܬܐ. ܕܠܐ ܡܬܐܢܫܬܐ ܢܬܦܪܥ ܠܝܒܢܘܗܝ.

[XXXIV.] ܘܡܢ ܟܠܗ ܣܠܩ ܢܒܕ ܒ̈ܪܬܐ ܕܕܢܫܡܬܐ. ܘܟܠܐ ܦܬܟܐ. ܒܡ ܦܐܪܙܫܝܐ ܥܡܠ ܠܣܘܟܐ ܕܒܪܗ. ܗܘ ܕܝܢ ܡܐܢܫܐ ܘܡܥܪܝܢ. ܠܐ ܬܒܥܐ ܕܢܩܘܡ ܬܪܝܨܐܝܬ ܠܗܘܟܠ ܡܢܪܐ ܐܓܪܗ. ⁘ ܕܙܕܩܐ ܗܟܝܠ ܐܝܬܘܗܝ. ܕܬܘܣܦܬܐ ܬܗܘܘܢ ܐܝܬܝܟܘܢ ܠܗܬ ܗܒܢܘܪܬ ܦܬܟܬܐ. ܡܢܗ ܓܝܪ ܕܗܕܐ ܐܝܬܝܗܝܢ ܟܠܗܝܢ. ܦܩܕ ܓܝܪ ܐܡܪ ܠܝ. ܗܐ ܡܪܝܐ ܘܐܓܪܗ ܡܕܡ ܦܪܘܣܗ. ܠܡܥܒܕ ܠܟܠܒ ܐܝܟ ܒܪܕܗ. ⁘ ⁘ ܡܢܦܩ ܠܝ ܗܟܝܠ ܕܒܗ ܡܗܝܡܢܝܢ ܒܗ ܡܢ ܟܠܗ ܠܒܝ. ܠܘ ܬ̈ܠܝܠܐ ܐܦܠܐ ܡܥܪ̈ܝܐ ܘܪ̈ܦܝܐ ܢܗܘܐ ܐܢܬܝܢ ܟܠ ܟܠ ܒܪ̈ܬܐ ܦܬܟܐ. ܥܒܕܘܪܐ ܕܠܝ ܘܦܐܪ̈ܙܫܝܐ. ܬܗܘܐ ܒܗ. ܢܥܬܒܕ ܠܝܒܢܘ. ܢܬܒܥܐ ܘܢܚܐ ܠܫܘܓܝܐ

ܘܐܢܠ ܠܘܬ ܠܗܝ ܘܚܠܝܫ ܠܗ ܒܝܕܘܬܐ. ܘܐܬܚܙܝܘ ܠܗ ܬܪܒܘܬ ̈ܡܘܗܒܬܐ ܕܐܬܝܗ̈ܒܠ: ܗܠܝܢ ܕܐܝܟ ܐܢܫ [XXXII.] ܫܬܬܐܬ ܒܚܠܝܫ ܚܕ ܡܢܗܘܢ ܢܬܒܩܐ: ܢܕܥ ܠܪܒܘܬܐ ܕ̈ܡܘܗܒܬܐ ܗܠܝܢ ܕܡܢܗ ܐܬܝܗ̈ܒܝ. ܡܢܗ ܓܝܪ ܟܗ̈ܢܐ ܘܠ̈ܘܝܐ ܟܠܗܘܢ. ܗܢܘ ܕܡܫܡܫܝܢ ܗܘܘ ܠܬܫܡܫܬܐ ܕܡܕܒܚܐ ܕܐܠܗܐ. ܡܢܗ ܓܝܪ ܡܪܢ ܝܫܘܥ ܗܘ ܕܒܒܣܪ. ܡܢܗ ̈ܡܠܟܐ ܘ̈ܪܫܢܐ ܘܡܕ̈ܒܪܢܐ ܗܠܝܢ ܕܒܝܗܘܕܐ. ܗܠܝܢ ܕܝܢ ̈ܫܒܛܐ ܕܠܗ ܕܫܪܟܐ. ܠܐ ܗܘܐ ܒܬܫܒܘܚܬܐ ܙܥܘܪܬܐ ܐܬܝܗܒܘ: ܐܝܟ ܕܐܠܗܐ ܡܠܠ: ܕܢܗܘܐ ܙܪܥܟ ܐܝܟ ܟܘܟ̈ܒܐ ܕܫܡܝܐ. ܟܠܗܘܢ ܗܟܝܠ ܐܫܬܒܚܘ ܘܐܬܪܒܝܘ. ܠܐ ܗܘܐ ܒܝܕ ܢܦܫܗܘܢ ܐܘ ܒܝܕ ܥܒ̈ܕܝܗܘܢ ܐܘ ܒܝܕ ܟܐܢܘܬ ܬܘܪܥܝܬܗܘܢ ܗܝ ܕܥܒܕܘ. ܐܠܐ ܒܝܕ ܨܒܝܢܐ ܕܐܠܗܐ. ܐܦ ܚܢܢ ܗܟܝܠ ܟܕ ܒܝܕ ܨܒܝܢܗ ܒܡܫܝܚܐ ܝܫܘܥ ܐܬܩܪܝܢ. ܠܘ ܒܝܕ ܢܦܫܢ ܡܙܕܕܩܝܢ. ܘܐܦܠܐ ܒܝܕ ܚܟܡܬܐ ܕܝܠܢ ܐܘ ܣܘܟܠܬܢܘܬܐ ܐܘ ܬܪܝܨܘܬ ܕܚܠܬܐ: ܐܘ ̈ܥܒܕܐ ܗܠܝܢ ܕܥܒܕܢ ܒܩܕܝܫܘܬܐ ܕܠܒܢ. ܐܠܐ ܒܝܕ ܗܝܡܢܘܬܐ: ܗܝ ܕܒܐܝ̈ܕܝܗ ܠܟܠܗܘܢ ܙܕܩ ܕܡܢ ܥܠܡ ܗܘ ܐܠܗܐ ܐܚܝܕ ܟܠ. ܕܠܗ ܫܘܒܚܐ ܥܕܡܐ ܠܥܠܡ̈ܐ ܕܥܠܡܝܢ ܐܡܝܢ. ܡܢܐ ܕܝܢ ܢܥܒܕ | 9

[XXXIII.] ܐܚ̈ܝ ܕܒܛܝܠ ܘܢܬܚܒܠ. ܡܢܐ ܗܟܝܠ ܢܥܒܕ ܐܚ̈ܝ. ܢܒܛܠ ܡܢ ܥܒܕܘܬ ܛܒ̈ܬܐ: ܘܢܫܒܘܩ ܚܘܒܐ. ܠܐ ܢܦܘܩ ܢܦܩܐ ܡܪܢܐ ܕܟܠ ܕܡܕܐ ܒܢ ܬܗܘܐ. ܐܠܐ ܢܬܪܘܓ ܒܗ ܒܫܘܦܪܐ ܘܒܚܝܠܘܬܐ. ܕܟܠ ܥܒܕܐ ܛܒܐ ܢܫܠܡ. ܗܘ ܓܝܪ ܥܒܘܕܐ ܘܡܪܝܐ ܕܟܠ. ܒܥܒ̈ܕܐ ܕܝܠܗ ܚܕܐ.

8 Cod. | ܒܬܫܒܚܐ.
23 Cod. | ܘܫܘܫܒܝ.

ܡܢ ܕܘܝܘܬܐ ܚܣܝܪ ܘܡܢ ܒܥܠܕܒܒܐ ܘܡܢ ܕܓܠܓܠܬܐ ܢܕܢܕܬܐ. ܡܢ ܓܒܪܐ ܚܣܝܪ ܠܒܝܫܐ. ܘܡܢ ܥܒܕܘܪܘܬܐ ܘܚܝܠܬܐ. ܐܠܗܐ ܓܝܪ ܐܡܪ. ܒܡܦܩܕ ܒܡܪܟܐ ܠܗܘܠ ܥܒܕܘܪܐ. ܠܡܫܟܢܐ ܕܝܢ ܡܢܗ ܠܒܝܫܘܬܐ. ܢܦܫ ܗܟܝܠ ܠܗܠܝܢ ܕܠܒܝܫܘܬܐ ܡܢ ܐܠܗܐ ܡܬܝܗܒܐ ܠܗܘܢ. ܢܦܫ ܘܗܘܝܘܬܐ ܘܥܒܝܕܘܬ ܦܘܪܥܢܗ. ܒܗ ܡܬܦܪܥܝܢ ܡܫܒܚܘܬܐ. ܒܗ ܡܬܟܠܢܝܢ ܡܢ ܟܠܗ ܠܘܚܡܐ. ܘܒܗ ܠܡܫܬܠܛܐ ܕܟܠ ܣܘܥܪܢ. ܠܗܘܢܐ ܡܢ ܒܟܪܝܢ. ܒܗ ܒܟܝܢܐ ܡܕܕܕܢܝܢ. ܘܠܐ ܗܘܐ ܒܫܠܝܐ. ܐܡܪ ܓܝܪ. ܗܘ ܕܦܓܥܬܐ ܐܡܪ ܘܥܒܕ: ܒܗܘ ܕܝܗܒ ܡܫܬܠܛܐ ܥܠ ܕܐܝܬܘܗܝ ܕܗܘܐ. ܘܠܒܪ ܐܝܬܘܬܐ ܘܗܘܐ ܫܒܩ. ܠܐ ܦܓܥܬܐ ܒܥܠܬܐ ܬܗܘܐ. ܘܡܠܟܐ ܕܠܝ ܢܗܘܐ ܒܐܠܗܐ. ܘܠܐ ܗܘܐ ܡܢ ܢܦܫ. ܠܡܫܠܡܘ ܢܦܫܗܘܢ ܩܢܝܐ ܐܠܗܐ. ܡܣܕܘܪܬܐ ܕܡܕܒܪܢܘܬܐ ܕܠܒܗܘܢ ܠܒܟܬܐ. ܬܬܡܨܐ ܡܢ ܐܣܝܪܬܐ. ܐܡܬܝ ܕܐܬܡܨܝܬ ܠܐܒܗܘܬܐ ܕܠܝ ܡܢܝܢ ܕܗܘܝܐ. ܡܬܝܪܬܐ ܘܫܬܪܪܬܐ ܘܥܒܕܘܪܘܬܐ. ܠܡܢܝܢ ܕܠܒܝܫܝܢ ܡܢ ܐܠܗܐ. ܚܝܘܬܐ ܘܒܣܝܡܘܬܐ ܘܡܫܒܚܘܬ

[XXXI.] ܦܘܪܥܢܗ. ܠܗܘܬ ܡܢܝܢ ܕܒܪܝܟܝܢ ܡܢ ܐܠܗܐ. ܢܦܫ ܗܟܝܠ ܠܒܘܪܟܬܗ. ܘܚܝܐ ܕܐܝܠܝܢ ܐܝܟ ܐܘܪܚܬܐ ܕܒܘܪܟܬܐ. ܢܦܘܩ ܡܢ ܕܘܟ ܗܠܝܢ ܕܫܘܪܝ ܡܢ ܒܪܫܝܬ: ܡܛܠ ܡܢܐ ܐܬܦܢܝ ܐܒܐ ܕܠܝ ܐܒܪܗܡ. ܠܐ ܗܘܐ ܒܗ ܕܕܝܘܬܐ ܘܥܘܕܪܐ ܒܗ ܗܝܡܢܘܬܐ ܒܠܒ: ܐܫܟܚ ܒܗ ܒܟ ܬܫܠܘܬܐ ܚܙܐ ܗܘܐ ܠܗܪ ܕܒܬܪܗ ܗܘܬ: ܘܗܝܡܢܘܬ ܡܦܩܪ ܗܘܐ ܕܒܝܬܐ: ܡܒܘܟ ܒܟ ܡܫܒܚܘܬ ܦܘܪܥܢܗ ܐܝܟ ܡܢ ܐܪܚܗ ܡܛܠ ܐܝܟܢܐ:

14 Cod. ܒܘܢܠ].

ܡܬܬ̈ܢܝܚ ܘܡܫܬܠܡܝܢ: ܢܛܝܪ ܡܢܗ. ܘܢܝܚ ܡܢ ܕ̈ܚܠܬܐ ܠܒܝܫܬܐ ܕܟܠܗ̇ ܒܝ̈ܫܬܐ. ܐܝܟܢܐ ܕܕܝܢܘܗܝ ܢܫܬܡܥ ܡܢ ܕܝܠܗ ܕܟܠܗ. ܠܐܠܗܐ ܓܝܪ ܡܫܡܫ ܐܢܫ ܡܢܗ ܠܓܒܝܘ: ܡܢ ܐܝܕܗ ܐܫܘܕܬܐ. ܐܝܟܐ ܕܝܢ ܒܠܒܐ ܢܦܠ ܠܐܢܫ ܡܢ ܫ̇ܠܘܡ ܕܝܠܗܘܢ ܕܡܢ ܡܕܡܕܡܘܢ ܠܡܬܒܥܘ. ܐܡ̇ܪ ܓܝܪ ܒܠܒܐ ܒܪܝܟ. ܠܐܠܗܐ ܐܝܬ. ܘܐܡܠܐ ܐܬܩܪܐ ܡܢ ܡܕܡ ܦܪܘܩ. ܐܠܐ ܐܦܘ ܠܒܢܝܐ ܐܢܫ ܬܡܢ ܐܬܒܥ. ܐܠܐ ܐܝܬ ܠܡܫܡܫܘ ܕܐܪܒܝܐ. ܬܡܢ ܡܢܗ. ܐܠܐ ܐܝܬܘܗܝ ܬܫܒܘܚܬܐ ܒܬܫܡܫܬܐ. ܬܡܢ ܙܒܢܐ ܕܠܘ. ܠܐܠܗܐ ܢܐܠ ܐܢܫ: ܐܘ ܠܐܠܗܐ ܠܐܠܗܐ ܢܚܘܘܢ ܡܢ ܗ̇ܘ ܕܠܟܠ ܚܕ. ܢܫܦܪ ܠܘܬܗ ܒܡܢܝܢܐ ܕܓܒܝ̈ܐ. [XXIX.] ܒܗ ܐܝܟܢܐ ܕܟܠܗ ܘܠܐ ܡܠܝܠܬܐ ܡܢ ܕܡܢܝܢ ܠܘܬܗ. ܒܗ ܡܫܝܚܐ ܠܐܠܗܐ ܢܦܫܐ ܘܫܘܬܦܘܬܐ: ܗ̇ܘ ܕܒܝܬܐ ܕܓܒܝܬܐ ܒܓܒܝ̈ܢ ܠܗ. ܡܢܗܐ ܓܝܪ ܡܬܝܒ. ܐܡܬܝ ܕܡܠܟ ܗܘܐ ܡܪܝܡܐ ܒܫܡܝܐ: ܒܗ ܒܪܝ ܩ̈ܕܝܫܐ ܕܐܝܟ: ܐܝܟ ܬܫܡܫܬܐ ܕܫ̈ܡܝܐ. ܐܝܟ ܡܫܝܚܐ ܕܫ̈ܠܝܚܘܗܝ ܕܐܠܗܐ. ܘܡܦܩܬ ܡܢܝܢܗ ܕܡܪܝܐ ܒܡܠܟܐ ܕܠܗ ܡܚܡܒ. ܫܠܡܐ ܕܪܘܬܗ ܐܫܘܪܐܝܠ. ܘܡܕܝܢܬܐ ܐܫܪܝܬܐ ܐܡܪ. ܗܐ ܡܪܝܐ ܢܣܒ ܠܗ ܥܡܐ ܡܢ ܓܘ ܥ̈ܡܡܐ. ܐܝܟ ܡܐ ܕܢܣܒ ܒܪܢܫܐ ܪܫܝܬܗ ܡܢ ܐܕܪܐ. ܘܢܦܩܘ ܡܢ ܥܡܐ ܗ̇ܘ ܡܕܘܫ ܡܩ̈ܕܫܐ. ܩܕܝܫܐ ܕܩܕ.

[XXX.] ܥܡܐ ܕ̈ܠܒܝ ܕܟܠܗ ܩܘܕܫܐ. ܒܗ ܡܫܠ ܡܪܝܬܐ ܩܕܝܫܬܐ ܐܬܝܢ. ܢܓܒܐ ܡܠܝܢ ܕܩܕܝܫܘܬܐ ܟܠܗܝܢ. ܒܗ ܚ̇ܙܝܢ ܡܢ ܡܫܡܫܢܐ ܡܫ̈ܡܫܢܐ ܚܝܠ ܘܠܐ ܕܚ̈ܝܐ: ܘܡܢ ܡܢܝ̈ܬܐ.

1 ܘܢܝܚ ܡܢ] The ܡܢ has been inserted above the line.
14 Cod. ܒܓܒܝܢ.

ܘܡܫܡܫܝܢ ܗܘܘ܆ ܕܟܕ ܐܬܡܠܠܬ܂ ܫܪܝܬܐ ܕܡܫܡܫܢܐ
| ܦ [XXVI.] ܐܬܬ܂ ܡܪܢܐ ܒܠܘܩܐ ܕܩܒܪܐ܂ ܪܚܬܐ ܗܟܝܠ ܘܬܫܒܘܚܬܐ
ܡܫܒܚܝܢ ܕܐܬܚܝ܆ ܐܝܟܢ ܕܩܒܘܪܐ ܕܟܠ ܢܘܫܡܐ
ܢܒܥܐ ܕܚܝܘ̈ܗܝ ܕܫܡܫܐܝܬ ܦܠܝܚܐ ܠܗ ܒܬܘܟܠܢܐ
ܕܡܫܡܫܢܘܬܐ ܠܚܒܪܬܐ܆ ܐܝܟܢܐ ܕܐܦ ܟܕ ܦܪܝܫܬܐ ܚܫܝܚܐ
ܠܗ ܪܒܘܬܐ ܕܡܠܟܘܬܗ܀ ܐܡܪ ܠܗ ܒܙܒܢ܂ ܘܬܡܝܗܒ
ܘܐܡܪܐ ܠܝ܂ ܘܫܡܥܬ ܘܝܕܥܬ܂ ܘܫܡܥܬ ܒܟܠܠ ܕܐܝܬ
ܟܠܟ ܐܢܬܝ܂ ܘܬܘܒ ܐܡܪ ܐܝܟ܆ ܘܬܡܗ ܠܒܣܪܐ
[XXVII.] ܕܠܐ ܗܢܐ܆ ܗܘ ܕܫܒܩ ܗܠܝܢ ܟܠܗܝܢ܀ ܒܗܢܐ ܗܟܝܠ
ܫܒܝܪ܂ ܢܬܐܡܪ̈ܢ ܢܦܫ̈ܬܢ ܒܗܘ ܕܒܡܫܡܫܢܘܬܐ ܐܬܬܗܘܝ
ܒܡ̈ܠܟܘܬܗܘܢ܆ ܘܒܐܝܢܐ ܒܕ̈ܝܢܘܗܝ܃ ܗܘ ܕܫܦܝܪ ܕܠܐ
ܢܓܠܠ܂ ܦܓܪ ܡܬܐܪܟܬ ܗܘ ܠܐ ܢܓܠܠ܂ ܠܐ ܡܕܡ
ܓܒܪ ܠܐ ܡܫܡܫܢܐ ܠܗܘܬ ܐܠܗܐ܆ ܐܠܐ ܐܢ ܗܘ
ܕܢܓܠܠ܂ ܬܬܬܒܪܝܢ ܡܢ ܗܟܝܠ ܡܫܡܫܢܘܬܗ ܒܓܢܒܪܘ
ܘܬܬܢܕܕ܂ ܘܫܬܩܠ ܕܟܠܗܝܢ ܡܢ̈ܝܚ ܐܝܟ ܠܗ܂ ܒܚܠܬܐ
ܕܪܒܘܬܗ ܦܝܫ ܠܥܠܡܝܢ܂ ܘܒܚܠܬܐ ܡܫܡܫ ܠܡܗܦܟ
ܘܠܡܓܠܐ ܐܝܟ܂ ܡܛܠ ܢܐܡܪ ܠܗ ܡܢܐ ܓܒܪܬ܂ ܐܘ
ܡܛܠ ܢܩܘܡ ܠܗܘܟܠ ܒܗܢܐ ܕܚܠܬܗ܂ ܐܡܬܝ ܕܪܓܝܐ
ܘܐܝܟ ܕܪܓܝܐ܂ ܢܓܕܒ ܒܠܗܝܢ܂ ܘܠܐ ܢܓܪ ܘܠܐ ܡܕܡ
ܡܢ ܗܠܝܢ ܕܡܬܬ̈ܕܡܝܢ ܒܢܝ܂ ܒܠܗܝܢ ܡܕܒܪ̈ܢܘܗܝ ܐܬܝܗܝܢ܂
ܘܠܐ ܡܕܡ ܠܐ ܣܓܝܐ ܠܡܫܡܫܬܗ܂ ܐܢ ܥܕܡܐ ܡܫܬܟܚܝܢ
ܥܘܒܕ̈ܝܗ ܕܐܠܗܐ܆ ܠܚܝ̈ܪܐ ܕܝܢ ܕܐܢܫ̈ܘܗܝ ܡܘܕܥ܂
ܪܘܚܐ܆ ܘܡܕܡܐ ܠܗܘܢܐ ܛܒܒ ܒܠܬܐ܆ ܘܠܠܝܐ ܠܠܠܝܐ
ܢܘܫܐ ܡܕܒܬܐ܆ ܘܠܝܬ ܒܡܬܠܠܐ ܘܐܦ ܠܐ ܬ̈ܠܝܐ܆
[XXVIII.] ܗܠܝܢ ܕܠܐ ܡܫܬܡܥܝܢ ܬ̈ܡܠܐ ܕܠܗܘܢ܆ ܟܕ ܒܠܗܝܢ ܒܢܬ

20 ܡܢ] Cod. ܡ̇ܢ.

ܠܢ. ܐܝܡܡܐ ܘܠܠܝܐ ܩܝܡܬܐ ܡܚܘܝܢ ܠܢ. ܕܡܟ ܐܢܫ ܠܠܝܐ. ܡܬܢܣܩ ܒܐܝܡܡܐ. ܐܝܡܡܐ ܐܙܠ. ܐܬܐ ܒܬܪܗ ܠܠܝܐ. ܢܣܒ ܠܢ ܠܬܘܣܦܬܐ ܦܐܪ̈ܐ. ܙܪܥܐ. ܐܝܟܢܐ ܘܒܐܝܢܐ ܙܢܐ ܗܘܐ. ܢܦܩ ܗܘ ܕܙܪܥ ܘܐܪܡܝ ܒܐܪܥܐ ܠܟܠ ܚܕ ܡܢ ܙܪ̈ܥܘܢܐ. ܗܠܝܢ ܒܫܬ ܕܟܕ ܢܦܠܘ ܒܐܪܥܐ ܡܬܒܥܬܢ ܡܬܚܕܬܝܢ. ܒܬܪܟܢ ܡܢܗ ܕܪܒܝܐ. ܪܒܘܬܐ ܕܒܛܝܠܘܬܗ ܕܡܪܝܐ ܡܢܚܡܐ ܠܗܘܢ. ܘܡܢ ܚܕ ܣܓܝ̈ܐܐ ܢܦܩܢ ܘܡܦܩܝܢ ܦܐܪ̈ܐ. ∴

[XXV.] ܢܚܙܐ ܐܬܐ ܬܡܝܗܬܐ ܘܬܕܡܘܪܬܐ ܗܝ ܕܗܘܝܐ ܒܐܬܪ̈ܘܬܐ ܕܡܕܢܚܐ: ܗܢܘ ܕܝܢ ܒܗܠܝܢ ܕܠܐܬܪ̈ ܐܪܒܝܐ. ܦܪܚܬܐ ܓܝܪ ܐܝܬ ܗ̇ܝ ܕܡܬܩܪܝܐ ܦܘܢܝܩܣ: ܗܕܐ ܒܪ ܠܚܘܕܝܬܐ ܐܝܬܝܗ̇. ܚܝܐ ܫ̈ܢܝܐ ܚܡܫܡܐܐ. ܟܕ ܕܝܢ ܗܘܝܐ ܠܡܒܕܐ ܕܙܒܢܐ ܕܫ̈ܢܝܐ ܐܝܟܢܐ ܕܬܡܘܬ. ܗܝ ܠܢܦܫܗ̇ ܥܒܕܐ ܒܝܬܐ ܡܢ ܠܒܘܢܬܐ ܘܡܡܘܪܐ ܘܡܢ ܗܠܝܢ ܕܒܣ̈ܡܐ ܐܪ̈ܘܡܛܝܩܐ ܐܚܪ̈ܢܐ. ܗ̇ܘ ܕܒܗ̇ ܫܠܡ ܙܒܢܐ ܕܚ̈ܝܝܗ̇. ܥܐܠܐ ܠܗ ܘܡܫܬܠܡܐ ܒܗ. ܟܕ ܕܝܢ ܡܬܒܣܩܐ ܒܣܪܗ̇. ܬܘܠܥܐ ܡܕܡ ܡܬܝܠܕܐ ܒܗ ܬܘܒ. ܗ̇ܘ ܕܝܢ ܟܕ ܡܢ ܬܠܠܘܬܐ ܕܚܝܘܬܐ ܗ̇ܝ ܕܡܝܬܬ ܡܬܬܪܣܝܐ ܘܡܬܪܒܝܐ ܡܦܪܚܐ ܓ̈ܦܐ. ܒܬܪܟܢ ܕܝܢ ܗ̇ܘܝܐ ܚܝܠܬܢܝܬܐ ܘܡܬܥܫܢܐ. ܡܛܥܢܐ ܠܗ ܠܒܝܬܐ ܗ̇ܘ ܡܢ ܚܕܪܗ̇: ܐܝܟܢܐ ܕܐܝܬܝܗܘܢ ܓܪ̈ܡܐ ܕܗ̇ܝ ܡܝܬܬܐ· ܘܠܗܠܝܢ ܟܕ ܫܩܝܠܐ ܠܗܘܢ. ܡܫܢܝܐ ܡܢ ܐܬܪܐ ܕܐܪܒܝܐ ܥܕ ܡܨܪܝܢ. ܒܡܕܝܢܬܐ ܠܐܠܝܘܦܘܠܝܣ. ܠܗ̇ܝ ܕܡܬܩܪܝܐ ܐܠܝܘܦܘܠܝܣ. ܘܒܐܝܡܡܐ ܟܕ ܟܠܢܫ ܚܙܐ ܠܗ̇: ܟܕ ܦܪܚܐ ܘܦܪܚܐ. ܥܠ ܥܠܬܐ ܗ̇ܝ ܕܫܡܫܐ ܫܡܫܐ ܠܗܘܢ. ܘܗܦܟܐ ܠܒܝܬܗ̇ ܩܕܡܝܐ. ܒܬܪܟܢ ܗܟܝܠ ܟܗ̈ܢܐ ܕܐܠܝܘܦܘܠܝܣ· ܒܨܝܢ ܗܘܘ ܠܟܬ̈ܒܐ ܕܙܒ̈ܢܐ

ܘܡܪܝܐ ܫܡܥܗ: ܘܡܢ ܟܠܗܘܢ ܐܘܠܨܢܘܗܝ ܦܪܩܗ. ܣܓܝܐܝܢ ܐܘܠܨܢܐ ܕܙܕܝܩܐ. ܘܡܢ ܟܠܗܘܢ ܢܦܨܝܘܗܝ ܡܪܝܐ. ܘܬܘܒ ܣܓܝܐܝܢ ܡܚܘܬܐ ܕܚܛܝܐ. ܠܗܘ ܕܝܢ ܕܡܣܒܪ ܥܠ ܡܪܝܐ. ܛܝܒܘܬܐ ܢܚܕܪܝܘܗܝ.

[XXIII.] ܐܒܐ ܗܘ ܕܟܠܗܝܢ ܡܪܚܡܢܐ ܐܝܬܘܗܝ ܘܛܒ ܡܥܕܪܢܐ. ܐܝܬ ܠܗ ܛܝܒܘܬܐ ܥܠ ܐܝܠܝܢ ܕܕܚܠܝܢ ܠܗ. ܢܝܚܐܝܬ ܓܝܪ ܘܒܡܫܝܢܐܝܬ ܝܗܒ ܛܝܒܘܬܗ ܠܐܝܠܝܢ ܕܡܬܩܪܒܝܢ ܠܘܬܗ ܒܬܪܥܝܬܐ ܦܫܝܛܬܐ. ܡܛܠ ܗܢܐ. ܠܐ ܢܬܦܠܓ ܒܬܪܥܝܬܢ. ܐܦ ܠܐ ܬܬܗܦܟ ܢܦܫܢ ܘܬܬܪܘܡ ܥܠ ܡ̈ܘܗܒܬܗ ܗܠܝܢ ܡܝܬܪܬܐ ܘܡܫܒܚܬܐ. ܠܪܘܚܩܐ ܢܗܘܐ ܡܢܢ ܗܢܐ ܟܬܒܐ: ܐܝܟܐ ܕܐܡܪ: ܕܘ̈ܝܐ ܐܝܬܝܗܘܢ ܬܪ̈ܝܢܝ ܢܦܫܐ: ܗܢܘܢ ܕܡܬܦܠܓܝܢ ܒܪܥܝܢܗܘܢ: ܗܢܘܢ ܕܐܡܪܝܢ: ܕܗܠܝܢ ܫܡܥܢܝܢ ܘܒܝܘ̈ܡܝ ܐܒܗ̈ܝܢ: ܘܗܐ ܐܣܬܒܝܢ: ܘܡܢ ܗܠܝܢ ܘܠܐ ܡܕܡ ܓܕܫ ܠܢ. ܐܘ ܣܟܠ̈ܐ ܦܚܡܘ ܢܦܫܟܘܢ ܠܐܝܠܢܐ. ܣܒܘ ܠܟܘܢ ܓܦܬܐ. ܩܕܡܐܝܬ ܡܢ ܢܬܪܝܢ ܛܪ̈ܦܝܗ. ܒܬܪܟܢ ܡܘܥܝܬܐ ܗܘܝܐ. ܒܬܪܟܢ ܛܪܦܐ. ܒܬܪܟܢ ܦܩܥܐ. ܒܬܪܟܢ ܒܣܪ̈ܐ. ܒܬܪܟܢ ܥܢ̈ܒܐ ܗܘܝܢ ܕܡܫܠܡܝܢ ܠܗܝܢ. ܚܙܝܢ ܐܢܬܘܢ ܕܒܙܒܢܐ ܙܥܘܪܐ: ܠܒܫܘܠܐ ܘܡܬܐܟܠܢܐ ܡܫܡܠܐ ܦܐܪܐ ܕܐܝܠܢܐ. ܒܫܪܪܐ ܘܫܠܝܐܝܬ ܘܡܢ ܥܓܠ ܢܫܬܡܠܐ ܨܒܝܢܗ. ܟܕ ܣܗܕ ܐܦ ܟܬܒܐ. ܕܫܠܝܐܝܬ ܢܐܬܐ ܘܠܐ ܢܘܚܪ. ܘܡܢ ܥܓܠ ܢܐܬܐ ܡܪܝܐ ܠܗܝܟܠܗ: ܘܩܕܝܫܐ ܗܘ ܕܡܣܟܝܢ ܐܢܬܘܢ ܠܗ. ✤

[XXIV.] ܢܬܒܝܢ ܚ̈ܒܝܒܝ ܕܐܝܟܢܐ ܡܪܝܐ ܕܟܠ ܡܚܘܐ ܠܢ ܐܡܝܢܐܝܬ ܠܩܝܡܬܐ ܕܥܬܝܕܐ ܠܡܗܘܐ: ܕܗ̇ܝ ܕܪܫܝܬܗ ܗܘܐ ܡܢ ܒܪܗ ܚܒܝܒܐ: ܟܕ ܠܡܪܢ ܝܫܘܥ ܡܫܝܚܐ ܡܢ ܡ̈ܝܬܐ ܐܩܝܡ. ܢܚܙܐ ܚ̈ܒܝܒܝ ܠܩܝܡܬܐ ܗܝ ܕܒܟܠ ܙܒܢ ܗܘܝܐ

ܘܫܘܝܐ. ܐܝܟܢܐ: ܘܕܡܬܕܚܠܝܢ ܡܢܗ ܒܩܕܝܫܘܬܐ
ܕܒܠܬܗܘܢ ܢܣܒܘܢ ܐܦ ܒܐܠܗܐ. ܡܪܢܐ ܕܝܫܘܥ ܒܡܫܝܚܐ
ܕܠܐ ܕܒܬܐ ܡܫܒܚܬܐ. ܡܢ ܗܪܟܐ ܢܫܟܚ ܗܘ ܕܕܚܠܬܗ
ܫܦܝܪ ܐܬܝܗܒ ܠܬܪܝܢ. ܡܢ ܡܕܒܪܢܘܬܐ ܕܠܝ ܢܬܬܣܝܡ.
ܠܡܣܬܟܠܘ ܗܢܘ. ܠܡܠܟܐ ܕܝܢ ܐܝܟ ܡܬܕܪܟܬܐ ܕܐܠܗܐ.
ܠܒܢܝ ܠܗܘܢ ܬܠܡܝܕܘܬܐ ܕܡܫܝܚ ܐܝܟ. ܕܐܢ ܕܕܡܝܢܘܬܐ ܕܩܘܪܐ
ܠܡܠܟܐ ܢܗܘܘܢ. ܕܚܠܬܐ ܕܡܫܝܚܘܬܐ ܕܐܠܗܐ ܘܚܟܝܡܐ
ܢܗܘܘܢ. ܢܗܘܬܐ ܕܠܟܢܐ ܕܐܠܗܐ ܒܝܕ ܫܠܡܐ ܚܠܝܬܐ
ܢܕܥܘܢ. ܚܘܒܐ ܕܐܠܗܐ ܠܗ ܡܫܝܚܘܬܐ ܕܐܦܝ. ܐܠܐ
ܠܟܠܗܘܢ ܗܢܘܢ ܕܕܚܠܝܢ ܠܐܠܗܐ ܚܣܝܐܝܬ ܫܦܝܐ
ܬܥܒܕܘܢ. ܬܗܘܝܢ ܠܡܕܪܫܬܐ ܕܒܡܫܝܚܐ ܢܫܬܘܬܦܘܢ.
ܢܐܠܦܘܢ ܡܢܐ ܡܫܟܚܐ ܡܟܝܟܘܬܐ ܠܘܬ ܐܠܗܐ:
ܡܢܐ ܡܫܟܚ ܚܘܒܐ ܕܟܝܐ ܠܘܬ ܐܠܗܐ: ܐܝܟܢܐ
ܕܚܠܬܐ ܕܝܠܗ ܫܦܝܪܐ ܘܪܒܬܐ ܐܝܬܝܗ ܘܡܚܝܐ ܠܟܠ
ܘܦܪܩܐ ܠܟܠܗܘܢ ܗܢܘܢ ܕܐܠܗܐܝܬ ܡܬܗܦܟܝܢ ܒܗ
ܒܬܪܥܝܬܐ ܕܟܝܬܐ. ܒܩܘܫܬܐ ܓܝܪ ܐܝܬܝܗ ܕܬܪܥܝܬܐ
ܘܕܡܚܫܒܬܐ: ܕܗܘ ܕܢܫܡܬܐ ܡܢ ܐܝܬܝܗ. ܘܐܡܬܝ
[XXII.] ܕܨܒܐ ܡܫܩܠ ܠܗ. ܠܟܠܢ ܟܠܗܘܢ ܡܫܪܝܢ. ܗܝܡܢܘܬܐ
ܕܒܡܫܝܚܐ. ܐܦ ܓܝܪ ܗܘ ܒܝܕ ܪܘܚܐ ܩܕܝܫܐ ܗܟܢܐ
ܩܪܐ ܠܢ. ܬܘ ܒܢܝܐ ܫܡܥܘܢܝ: ܐܠܦܟܘܢ ܕܚܠܬܗ
ܕܐܠܗܐ. ܡܢܘ ܐܝܬܘܗܝ ܒܪܢܫܐ ܕܨܒܐ ܚܝܐ: ܕܪܚܡ
ܝܘܡܬܐ ܛܒܐ ܠܡܚܙܐ. ܢܛܪ ܠܫܢܟ ܡܢ ܒܝܫܬܐ.
ܘܣܦܘܬܟ ܕܠܐ ܢܡܠܠܢ ܢܟܠܐ. ܐܥܒܪ ܡܢ ܒܝܫܬܐ
ܘܥܒܕ ܛܒܬܐ. ܒܥܝ ܫܠܡܐ ܘܪܕܘܦ ܒܬܪܗ. ܡܛܠ
ܕܥܝܢܘܗܝ ܕܡܪܝܐ ܥܠ ܙܕܝܩܐ. ܘܐܕܢܘܗܝ ܠܬܫܡܫܬܐ
ܕܠܗܘܢ. ܦܪܨܘܦܗ ܕܝܢ ܕܡܪܝܐ ܥܠ ܥܒܕܝ ܒܝܫܬܐ.
ܠܡܘܒܕܘ ܡܢ ܐܪܥܐ ܕܘܟܪܢܗܘܢ. ܩܥܐ ܙܕܝܩܐ

ܒܕܡܘܬܐ ܠܗܘܢܐ ܬܐܬܐ. ܘܡ̈ܠܠܝܢ ܒܗ ܢܬܒܣܡܘܢ. ܐܘܟܝܘܣ ܗܘ ܠܐ ܡܬܒܒܪܐ ܠܒܪܢܫܐ: ܘܦܓ̈ܪܬܐ ܗܠܝܢ ܕܠܥܠ ܡܢܗ. ܒܗܘܢ ܕܝܢ ܒܗܘܢ ܒܡܘܕ̈ܥܢܐ ܕܡܪܢܐ ܕܥܠ ܡܬܦܪܢܣܝܢ. ܪ̈ܒܘܬܐ ܬܐܘ̈ܪܝܬܐ ܘܡܬܝ̈ܠܢܝܬܐ: ܘܬܚ̈ܪܝܬܐ ܩ̈ܫܝܬܐ. ܒܫܘܒܐ ܡ̈ܫܒܚܝܢ ܦ̈ܓܪܝܢ ܠܫܒ̈ܪܐ. ܪ̈ܘܚܐ ܒܗܬ ܕܕ̈ܡܘܬܐ. ܒܪܘܚܐ ܡܕܒܪܐ ܕܠܗܘܢ. ܬܫܡܫܬܐ ܕܠܗܘܢ ܕܠܐ ܒܓܒܪܐ ܡܬ̈ܒܠܝܢ. ܥܝܢܬܐ ܒܗܬ ܗܠܝܢ ܕܐܡܢܘܢܝܬ ܪ̈ܕܝܢ: ܒܗ ܠܗܬ ܒܡܘܗܒܐ ܒܗܬ ܘܫܘܠܛܢܐ ܐܬܝܗܒ. ܕܠܐ ܡܫܡܫܢܘܬܐ ܡܫ̈ܡܫܝܢ ܗܠܝܢ ܕܠܗܬ ܫ̈ܢܐ ܠܒܢܝܢܫܐ. ܗܠܝܢ ܒܗܬ ܕܠܘܬ ܕܒܘ̈ܪܝܢ ܒܫ̈ܡܘܬܐ. ܠܡܬ̈ܦܩܕܢܘܬܐ ܕܠܗܘܢ. ܒܐܝܘܬܐ ܘܒܫܒܚܐ ܢ̈ܗܝܪܐ. ܗܠܝܢ ܕܠܗܘܢ ܗܘ ܒܪܘܚܐ ܪ̈ܒܐ ܘܡܕܒܪܐ ܕܟܠ. ܒܫܘܒܚܐ ܘܒܐܝܘܬܐ ܦܓܪ ܕܢܗܘܘܢ ܐܬܝܗܘܢ. ܒܗ ܡܕܒܪ ܠܟܠܗܘܢ. ܦܠܓ ܕܝܢ ܐܬܝܪܐܝܬ. ܠܝ ܕܠܝ ܫ̈ܘܢܐ ܕܐܬܓܠܝܘܢ ܒܪ̈ܘܚܢܝܘܢ: ܒܗ ܡܒ̈ܪܢ ܢܘܡ

[XXI.] ܡܫܝܚܐ. ܕܠܗ ܫܘܒܚܐ ܠܥܠܡ ܥܠܡܝܢ ܐܡܝܢ. ܚܝܘ ܬ̈ܒܝܒܐ ܕܠܝ. ܠܐ ܫܦܝܪܘܬ ܡܫܒܘܪܘܬܐ ܕܠܗ ܗܠܝܢ ܡ̈ܫܝܚܐܬܐ: ܠܕܝܢܐ ܢܗܘܘܢ ܠܝ: ܐ̈ܠܗ ܗܘ ܕܒܗ ܠܗ ܐܝܟ ܕܥܘܪܐ ܡܬܕ̈ܒܪܢܝܢ: ܦ̈ܠܓܘܬܐ ܘܗܠܝܢ ܕܫ̈ܡܥܢ ܘܡܕܒܪܢܘܢ ܢܒܕܐ ܒܗ ܫܘܡܠܝ ܬܘܪܥܬܐ. ܐܡ̈ܪ ܒܪ ܒܕܘܟ. ܪ̈ܘܚܐ ܕܡ̈ܕܢܝܐ. ܫܪܒܐ ܕܐܝܟܐ ܬܘ̈ܩܢܐ ܕܒܪܘܫܐ. ܚܝܐ ܕܐܡܒܢܐ ܘܡܪܒ ܠܝ: ܘܐܦ ܠܐ ܡܕܡ ܐܠܒܐ ܠܗ ܡܢ ܬܪ̈ܒܝܬܐ. ܘܡܢ ܫ̈ܘܫܒܐ ܗܠܝܢ ܕܟܕܒܝܢ. ܕܒܐܝܢܐ ܕܝܢ ܐܬܝܗ. ܕܠܐ ܒܗ ܡܒܓܝܢ ܘܥܒܕܝܢ ܡܠܟܘܬܐ ܢܒܕ ܡܕܡ ܠܒܪ ܡܢ ܓܒܝܗ. ܡܟܐܠ ܕܝܢ ܩ̈ܒܝܢܫܐ ܫ̈ܩܠܐ

1 Cod. ܘܡ̈ܠܠܝܢ.

24 ܩ̈ܒܝܢܫܐ] Cod. ܐܢܫܐ | ܩ̈ܒܝܢ.

ܕܦܓܠܐ ܬܠܡܘܗܝ. ܕܐܠܗܐ ܒܫܠܝܘܬܐ ܘܒܫܝܢܐ. ܗܐ ܗܟܝܠ ܠܣܘܥܪ̈ܬܐ ܗܠܝܢ ܩܕܡܝܬܐ ܘܪܘܪ̈ܒܬܐ ܘܫܒܝ̈ܚܬܐ ܐܫܬܘܬܦܢ ܐܢܫܝܢ ܬܚܒܝ̈ܢ. ܢܪܗܛ ܡܟܝܠ ܢܓܘܪ: ܠܘܬ ܢܝܫܐ ܕܫܝܢܐ ܗܘ ܕܡܢ ܫܘܪܝܐ ܐܬܝܗܒ ܠܢ: ܘܢܚܘܪ ܘܢܬܚܡܐ ܒܐܒܐ ܘܒܪܘܝܐ ܕܟܠܗ ܗܢܐ ܥܠܡܐ: ܘܒܡ̈ܘܗܒܬܗ ܫܒܝ̈ܚܬܐ ܘܡ̈ܝܬܪܬܐ ܘܪ̈ܒܬ ܦܐܝܘܬܐ: ܘܒܥܒܝܪܘܬ ܡܗܕܪܘܬܐ ܕܫܝܢܐ. ܢܬܒܝܢ ܘܢܩܦ. ܢܚܘܪ ܒܗ ܒܬܪܥܝܬܢ. ܘܢܬܒܩܐ ܒܥܝ̈ܢܐ ܕܢܦܫܐ ܒܨܒܝܢܗ ܢܓܝܪ ܪܘܚܐ. ܢܬܒܝܢ ܕܐܝܟܢܐ ܕܠܐ ܪܘܓܙܐ ܐܝܬܘܗܝ ܠܘܬ

[XX.] ܟܠܗ̇ ܒܪܝܬܗ. ܫܡܝܐ ܕܝܢ ܒܡܕܒܪܢܘܬܗ ܡܬܬܙܝܥܝܢ. ܒܫܝܢܐ ܡܫܬܥܒܕܝܢ ܠܗ. ܐܝܡܡܐ ܥܡ ܘܠܠܝܐ. ܪܗܛܐ ܗܘ ܕܡܛܟܣ ܡܢܗ ܡܫܡܠܝܢ. ܟܕ ܠܐ ܡܕܡ ܠܚܕܕܐ ܡܥܟܒܝܢ. ܫܡܫܐ ܥܡ ܘܣܗܪܐ: ܘܟܘ̈ܟܒܐ ܥܡ ܘܡܙ̈ܕܡܢܝܢ. ܐܝܟ ܦܘܩܕܢܗ. ܒܐܘܝܘܬܐ ܒܠܥ ܡܦܩܬܐ ܕܪܗܛܐ ܕܠܗܘܢ. ܡܬܟܪܟܝܢ ܬܚܘ̈ܡܐ ܗܠܝܢ ܕܡܬܚܡܢ ܠܗܘܢ. ܐܪܥܐ ܕܝܢ ܛܥܝܢܐ ܐܝܟ ܨܒܝܢܗ ܒܙܒ̈ܢܐ ܦܐܪ̈ܐ ܕܝܠܗ̇. ܡܦܩܐ ܣܒܪ̈ܬܐ ܣܓܝ̈ܐܬܐ ܘܡܫܡܠܝܬܐ: ܠܒܢ̈ܝܢܫܐ ܥܡ ܘܠܚܝܘܬ ܫܢܐ: ܘܠܚܝܘܬܐ ܟܠܗܝܢ ܗܠܝܢ ܕܐܝܬ ܒܗ̇. ܟܕ ܠܐ ܡܬܦܠܓܐ ܘܐܦܠܐ ܡܫܢܝܐ ܡܕܡ ܡܢ ܗܠܝܢ ܕܐܬܦܩܕܝܢ ܠܐܠܗܐ ܘܐܬܬܚܝܒܝܢ ܡܢܗ. ܠܐ ܡܬܒܩܝ̈ܢܬܐ ܥܡ ܕܬܗ̈ܘܡܐ: ܘܕ̈ܝܢܐ ܠܐ ܡܬܡ̈ܠܠܢܐ ܕܒܥ̈ܘܡܩܐ ܗܢܘܢ ܡܬܬܚܝܕܢ. ܒܗܘܢ ܕܝܢ ܒܗܘܢ ܒܡܘܗ̈ܒܐ ܫܒܝܚܝܢ. ܥܘܡܩܐ ܥܡܝܩܐ ܕܝܡܐ ܕܠܐ ܣܘܦ: ܗܝ ܒܡܥܒܕܢܘܬܗ ܐܬܟܢܫ ܒܟܢ̈ܘܫܝܐ ܕܠܗ̇. ܠܐ ܢܦܩ ܐܘ ܠܒܪ ܡܢ ܣܝ̈ܓܐ ܗܠܝܢ ܕܐܬܬܣܝܡܘ ܠܗ ܚܕܪܘܗܝ. ܐܠܐ ܐܝܟܢܐ ܕܦܩܕ ܘܐܡܪ ܠܗ̇ ܗܟܢܐ ܥܒܕ. ܐܡܪ ܓܝܪ

ܗܘ ܐܡܪ ܠܘܬ ܐܠܗܐ. ܪܚܡ ܥܠܝ ܐܠܗܐ ܐܝܟ ܪ̈ܚܡܝܟ ܣ̈ܓܝܐܐ. ܘܐܝܟ ܣܘܓܐܐ ܕܚܢܢܝܟ ܠܒܝܕ ܠܐ ܢܡܘܣܘܬܐ ܕܝܠܝ. ܐܣܓܐ ܐܫܝܓܝܢܝ ܡܢ ܚܘܒܝ. ܘܡܢ ܚܛܝܬܐ ܕܝܠܝ ܕܟܝܢܝ. ܡܛܠ ܕܠܐ ܢܡܘܣܘܬܐ ܕܝܠܝ ܐܢܐ ܝܕܥ ܐܢܐ. ܘܚܛܝܬܐ ܕܝܠܝ ܩܕܡܝ ܐܝܬܝܗ̇ ܒܟܠܙܒܢ. ܠܟ ܒܠܚܘܕܝܟ ܚܛܝܬ. ܘܒܝܫܬܐ ܩܕܡܝܟ ܥܒܕܬ. ܐܝܟܢܐ ܕܬܙܕܩ ܒܡ̈ܠܝܟ ܘܬܙܟܐ ܟܕ ܡܬܕܝܢ ܐܢܬ. ܗܐ ܓܝܪ ܒܠܐ ܢܡܘܣܘܬܐ ܐܬܒܛܢܬ. ܘܒܚ̈ܛܗܐ ܒܛܢܬܢܝ ܐܡܝ. ܗܐ ܓܝܪ ܫܪܪܐ ܪܚܡܬ. ܠܐ ܟܣ̈ܝܬܐ ܘܡܛܫܝ̈ܬܐ ܕܚܟܡܬܟ ܐܘܕܥܬܢܝ. ܬܪܣ ܥܠܝ ܒܙܘܦܐ ܘܐܬܕܟܐ. ܬܚܠܠܝܢܝ ܘܐܚܘܪ ܡܢ ܬܠܓܐ ܐܚܘܪ. ܬܫܡܥܢܝ ܪܘܙܐ ܘܚܕܘܬܐ. ܢܪܘܙܘܢ ܓܪ̈ܡܐ ܡ̈ܟܝܟܐ. ܐܗܦܟ ܐܦܝܟ ܡܢ ܚܛܗ̈ܝ. ܘܟܠܗܝܢ ܠܐ ܢܡܘܣܘܬܐ ܕܝܠܝ ܠܒܝܕ. ܠܒܐ ܕܟܝܐ ܒܪܝ ܒܝ ܐܠܗܐ. ܘܪܘܚܐ ܬܪܝܨܬܐ ܚܕܬ ܒܓܘܝ. ܘܠܐ ܬܫܕܝܢܝ ܡܢ ܩܕܡ ܦܪܨܘܦܟ. ܘܪܘܚܟ ܩܕܝܫܐ ܠܐ ܬܫܩܘܠ ܡܢܝ. ܗܒ ܠܝ ܪܘܙܐ ܕܦܘܪܩܢܟ. ܘܒܪܘܚܐ ܪܒܢܝܬܐ ܣܡܘܟܝܢܝ. ܐܠܦ ܠܚ̈ܛܝܐ ܐܘܪ̈ܚܬܟ. ܘܪ̈ܫܝܥܐ ܠܘܬܟ ܢܬܦܢܘܢ. ܦܨܝܢܝ ܡܢ ܕܡ̈ܐ ܐܠܗܐ ܐܠܗܐ ܕܦܘܪܩܢܝ. ܢܫܒܚ ܠܫܢܝ ܙܕܝܩܘܬܟ. ܠܣܦ̈ܘܬܐ ܕܝܠܝ ܬܦܬܚ ܡܪܝܐ. ܘܦܘܡܝ ܢܚܘܐ ܬܫܒܘܚܬܟ. ܡܛܠ ܕܐܠܘ ܨܒܝܬ ܕܒܚܬܐ ܝܗܒ ܗܘܝܬ. ܝܩܕܐ ܥ̈ܠܘܬܐ ܠܐ ܨܒܐ ܐܢܬ. ܕܒܚܬܐ ܠܐܠܗܐ ܪܘܚܐ ܬܒܝܪܬܐ. ܠܒܐ ܬܒܝܪܐ ܘܡܟܝܟܐ ܐܠܗܐ ܠܐ ܢܫܘܛ.

ܝܛ [XIX.] ܡܢܝܢܐ ܕܝܢ ܒܥܒܕܐ ܕܠܗ̄ ܕܟܬܪ ܡܣܗܕܬܐ. ܡܟܝܟܘܬ ܬܪ̈ܥܝܬܐ ܗܟܝܠ ܘܡܟܝܟܘܬܐ ܘܡܬܢܚܬܢܘܬܐ ܕܒܝܕ ܡܫܬܥܒܕܢܘܬܐ: ܕܗܢܘܢ ܕܐܝܟ ܗܠܝܢ ܘܕܟܠܗ ܗܘܢܐ ܘܕܗܟܢܐ ܣܗܝܕܝܢ. ܠܐ ܗܘܐ ܒܠܚܘܕ ܠܢ: ܐܠܐ ܐܦ ܠܕܪ̈ܐ ܗܠܝܢ ܕܡܢ ܩܕܡܝܢ. ܡܬܪܬܐ ܒܟܕܘܬ: ܠܗܘܢ

ܡܛܠ ܕܒܩܘܫܬܐ ܐܚܝܕ ܙܢܝܐ. ܦܩܕ ܒܡܫܪܝܬܐ ܢܬܦܩܘܢ.
ܝܚ ܢܬܕܒܪܘܢ ܐܢܘܢ ܢܦܠܐ ܒܗ. ܡܛܠܐ ܕܐܝܟ ܒܫܒܐ ܕܠܗ̄
ܕܒܬܪ ܡܢܛܪܬܐ. ܫܡܥ ܐܢܬܘܢ ܠܒܢܝܐ ܡܫܝܚܝܐ: ܕܐܝܢܐ
ܕܡܘܗܒܬܐ ܐܬܝܗܒܬ ܠܝ. ܐܝܟ ܕܒܢ̈ܝ ܗܘܒܐ ܡܗܝܡܢܘܬܐ
ܐܬܪܒܝ. ܡܛܠܐ ܢܟܒܪ ܚܢܢ: ܦܪܘܩܢ ܕܐܬܚܫܒ ܚܙܝܐ
[XVII.] ܕܠܒܥܠܕܒܒܘܬܗ ܒܐܦ̈ܝܢܘܗܝ ܐܬܒܢ. ܡܕܢܚܝܐ ܢܗܘܐ ܐܦ
ܕܦܢܝܢ: ܕܫܠܡ ܒܗ ܕܒ̈ܓܒܝܐ ܕܟܪܐ ܘܒܦܪ̈ܘܫܬܐ ܗܠܟܘ:
ܒܪ ܡܕܝܢܬ ܒܐܬܘܬܗ ܕܡܫܝܚܐ: ܐܘ̈ܪܚܬ ܕܝܢ ܐܠܗܐ
ܘܐܠܝܨ: ܬܘܒ ܕܝܢ ܚܘܫܒܐ: ܢܩܝܐ. ܒܗ ܗܠܝܢ ܕܝܢ.
ܐܦ ܦܢܝܢ ܕܐܬܦܬܚܘ. ܀ ܐܬܦܬܚܘ ܪܘܪܒܐܝܬ ܐܒܪܗܡ.
ܘܪܘܡܐ ܐܫܬܡܗ ܕܐܠܗܐ. ܘܐܡܪ ܒܗ ܡܬܪܒܐ
ܡ̈ܫܒܚܬܐ. ܐܝܟ ܫܘܒܚܐ ܕܐܠܗܐ: ܐܝܟ ܕܝܢ ܐܢܬ
ܒܦܪܐ ܘܡܠܟܐ. ܀ ܬܘܒ ܕܝܢ ܐܦ ܡܛܠ ܐܡܘܒ: ܗܒܐܢܐ
ܒܬܡܒ. ܐܡܘܒ ܕܝܢ ܐܬܬܘܗܝ ܗܘܐ ܕܙܕܩܐ. ܕܠܐ ܒܛܠ.
ܙܪܙܪܐ. ܕܢܛܠ ܐܠܗܐ. ܕܒܬܪܘܗ ܡܢ ܒܠ ܗܘܒܪܢܐ
ܒܝܫܐ. ܐܠܐ ܒܪ ܗܘ ܒܠ ܢܦܫܗ ܡܛܠܠ ܐܡܪ: ܕܘܠܐ
ܐܢܫ ܕܒܢܐ ܡܢ ܓܐܬܐ. ܘܐܦܠܐ ܕܝܢ ܕܗܘܒܐ ܚܕ ܢܗܘܘܢ
ܫܗ̈ܘܢ.. ܀ ܡܗܝܡܢܐ ܡܬܦܝܣܢܐ ܒܟܠܗ ܒܝܬܗ ܐܬܩܪܝ.
ܘܒܪ ܡܫܬܡܠܝܢܘܬܗ. ܕܐܦ ܐܠܗܐ ܠܒܪܢܫ ܒܗ ܚ̈ܫܘܒܬܐ
ܘܬ̈ܫܒܚܬܐ ܕܠܗܘܢ. ܐܠܐ ܐܦ ܗܘ ܒܪ ܐܫܬܟܚ
ܪ̈ܘܪܒܐܝܬ. ܠܐ ܡܛܠ ܪ̈ܘܪܒܘܬܐ. ܐܠܐ ܐܝܟ ܕ. ܒܪ ܓܒܪ
ܗܘܝܐ ܠܒܝܬܐ ܡܬܝܗܒ ܗܘܐ ܠܗ: ܟܕ ܐܢܬܝ ܐܢܐ:
ܕܠܐ ܡܫܕܪ ܐܢܬ. ܐܝܟ ܕܝܢ ܐܢܬܝ ܡܫܠܡ ܠܒܝ ܘܠܒܟ.
ܠܥܘܐ. ܘܬܘܒ ܐܡܪ: ܐܢܐ ܕܝܢ ܐܢܬܝ. ܠܗܠܟܐ ܡܢ
[XVIII.] ܡܕܝܢܐ. ܡܛܠܐ ܕܝܢ ܢܐܡܪ: ܒܠ ܕܗܘܐ ܗܘ ܕܐܬܦܬܚܘ:
ܡܛܠ ܗܘ ܕܐܡܪ ܐܠܗܐ: ܕܐܬܦܬܚܬ ܠܒܪܐ ܐܝܟ ܠܒܝ:
ܕܗܘܐ ܒܪ ܐܝܫܝ: ܒܦܫܘܫܐ ܕܠܒܗ ܡܫܝܚܘܬܗ. ܐܠܐ ܐܦ

ܗܘܐ ܡܢ ܟܠܗܘܢ ܩ̈ܢܝܢܐ. ܒܪܢܫܐ ܕܡܟܝܟܘܬܐ ܐܝܬܘܗܝ ܘܒܟܐܒ̈ܐ. ܘܕܪ̈ܕܒ ܢܦܠܝܢ ܒܥܘܪܢܐ. ܡܛܠ ܕܡܟܝܟ ܦܪ̈ܘܣܗ. ܐܬܬܥܝܪ ܘܠܐ ܐܬܒܝܫ. ܗܢܐ ܬ̈ܘܩܦܝܗ ܥܒܝܕ: ܘܡܛܠܬܗܘܢ ܡܬܕܘܐ. ܘܣܓܝ ܣܓܝܐܝܗܘܢ ܕܐܝܬܝܗܘܢ ܒܟܐܒܐ: ܘܒܡܟܝܟܘܬܐ ܘܒܡܘܦܪܣܐ. ܗܘ ܕܝܢ ܐܬܥܛܠ ܡܛܠ ܠܐ ܢܦ̈ܫܘܬܐ ܕܝܠܝ. ܘܐܬܬܒܪܗ ܡܛܠ ܬܘܩܦܐ ܕܝܠܝ. ܡܟܪܘܬܐ ܕܫܢܝܐ ܕܝܠܝ ܟܠܗܘܢ. ܒܫܒܝܬܐ ܕܝܠܗ ܣܓܝ ܐܬܬܟܝܠ. ܟܠ ܐܝܟ ܒܢܝܐ ܛܒܐ. ܒܪܢܫܐ ܕܟܘܪܗܢܐ ܕܝܠܗ ܛܒܐ. ܘܡܪܝܐ ܐܚܝܕܗ ܒܬܘܩܦܐ ܕܝܠܝ. ܘܗܘ ܡܛܠ ܗܢܐ ܕܐܬܥܩܣ: ܠܐ ܦܬܪ ܦܘܡܐ. ܐܝܟ ܓܪܒܐ ܠܒܣܘܬܐ ܐܬܬܢܝܚ. ܘܐܝܟ ܐܓܪܐ ܡܢܡ ܟܘܪܗܢܐ ܕܠܐ ܛܒ. ܗܟܢܐ ܠܐ ܦܬܪ. ܦܘܡܗ ܒܡܟܝܟܘܬܗ. ܕܢܝܚܐ ܕܝܠܗ ܐܬܬܥܝܪ. ܘܕܪܐ ܕܝܠܗ ܢܦܩܘ ܢܬܒܟܐ: ܕܡܬܬܪܥܝܢ ܫ̈ܠܘܗܝ ܡܢ ܐܘܪܚܐ. ܡܢ ܠܐ ܢܦ̈ܫܘܬܐ ܕܒܟܐܒܐ ܕܝܠܝ. ܐܬܬܢܝܚܘ ܠܡܘܬܐ. ܘܐܬܥܠ ܩ̈ܢܝܢܐ ܣܠܩ ܡܕܘܪܬܗ. ܘܒܬܕܪܐ ܣܠܩ ܡܘܬܗ. ܡܛܠ ܕܚܘܠܒ ܠܐ ܚܒܪ. ܘܐܦܠܐ ܐܫܬܡܥ ܒܠܐ ܒܦܘܡܗ. ܘܡܪܝܐ ܢܟܝܐ ܕܒܪܘܡܗܘܢ ܡܢ ܡܣܟܢܘܬܐ. ܐܝܟ ܬܘܒܠܗܘܢ ܡܛܠ ܬܘܩܦܗ. ܢܦܫܐ ܕܝܠܗܘܢ ܬܣܓܐ ܘܪܒܐ ܐܝܟ ܣܢܐ. ܘܢܟܝܐ ܡܟܝܟܐ ܕܢܝܚ ܦܘܡ ܒܟܐܒܐ ܡܢ ܢܦܫܗ. ܠܡܣܟܢܘ ܠܗ ܢܒܙܪܒ. ܘܠܡܟܝܟܠ ܒܡܘܒܠܐ. ܠܡܥܕܪܘ ܠܕܝܢܐ ܕܫܦܝܪ ܡܬܟܪܟ ܠܩܕ̈ܝܫܐ. ܘܬܘܩܦܐ ܕܝܠܗܘܢ ܗܘ ܥܒܕ. ܡܛܠ ܗܕܐ ܗܘ ܢܐܪܬ ܩܕ̈ܝܫܐ. ܘܐܦ ܕܣܓܝܬܐ ܢܦܠ ܓܪܬܐ. ܣܠܩ ܕܐܫܬܠܡܬ ܠܡܘܬܐ ܢܦܫܗ: ܘܟܕ̈ܢܠܐ ܐܬܝܗܒ: ܘܗܘ ܬܘܩܦܐ ܕܩܕ̈ܝܫܐ ܐܝܟܢ: ܘܡܛܠ ܬܘܩܦܗܘܢ ܐܫܬܠܡ... ܘܬܘܒ ܗܘ ܐܡܪ: ܐܝܢܐ ܕܝܢ ܐܢܬ. ܬܘܠܕܐ ܘܠܐ ܒܪܢܫܐ. ܢܫܒܐ ܕܩ̈ܢܝܢܐ ܘܡܘܠܕܢܐ ܕܒܟܐ. ܟܠܗܘܢ ܩܢ̈ܝܢ ܕܢܚܡ ܗܘܘ ܠܝ ܡܢܘ ܒܗ.

[XV.] ܠܒܪܢܫܐ ܡܫܝܢܐ. ⁘ ܢܦܩ ܗܘܝܬ ܠܫܘܩܢ ܕܡܫܝܚܝܢ ܗܘܘ ܥܦܝܪܘܬ ܕܫܠܝܬܐ. ܘܠܐ ܠܫܘܩܢ ܕܡܢ ܡܫܟܢ ܬ̈ܐܦܐ ܘܡܬܕܢܚܢܘܬܐ ܙܟܝܢ ܒܥܠܡܐ. ܐܡܪ ܠܝ ܒܕܘܟܝ. ܗܘܐ ܒܡܟܝ ܒܦܘܠܘܬܗ ܡܢܡܪ ܠܗ. ܠܗܘܢ ܕܝܢ. ܠܪܘܫܐ ܪܫܡ ܡܢܢ. ܘܬܘܒ. ܒܦܘܡܗܘܢ ܡܢܡܪܝܢ ܗܘܘ. ܘܒܠܒܗܘܢ ܠܢܦܠܝܢ ܗܘܘ. ܘܬܘܒ ܐܡܪ. ܪܫܒܗܘܢ ܒܦܘܡܗܘܢ. ܘܒܠܫܢܗܘܢ ܕܝܠܗ ܒܗ. ܠܗܘܢ ܕܝܢ. ܠܐ ܬܪܝܢ ܗܘܐ ܒܡܗ. ܘܐܦܠܐ ܐܫܬܪܪܘ ܒܡܢܗܘܢ. ܡܛܠ ܗܢܝ ܣܪܝܩܬܐ ܢܗܘܢ ܦ̈ܩܘܕܬܐ ܢܬ̈ܠܬܐ: ܗܠܝܢ ܕܡܬ̈ܠܠܝܢ ܒܠ ܕܒܫܐ ܒܡܠܘܬܐ. ܘܬܘܒ. ܢܦܩ ܡܕܝܢܬܐ ܒܠܗܘܢ ܦ̈ܩܘܕܬܐ ܢܬ̈ܠܬܐ. ܠܥܢܝܐ ܙܒ ܢ̈ܫܠܐ: ܫܘܢ ܕܐܦܪܘ ܠܥܠ ܢܘܙܒ: ܦ̈ܩܘܕܬܐ ܕܠܝ ܡܢ ܕܠܝ ܐܝܬܝܗܘܢ ܒܚܝܠ ܡܢܝܢ. ܡܛܠ ܕܗܘܘܬܐ ܕܡ̈ܫܡܗܢܐ ܘܬܐܘܣܬܐ ܕܦ̈ܢܝܢ. ܗܟܢܐ ܐܡܘܪ ܐܡܪ ܡܕܝܢܬܐ. ܐܡܣܪ ܒܦܘܪܣܢ. ܐܝܟܢ ܦܐܪܪܫܝܐ | ܠ̈ܘ ܒܗ. ܦܪܢܣܐ ܕܝܫ ܒܥܒܕܐ ܕܠܐ ܕܒܠܬ ܡܢܛܬܐ. ܕܫܘܢ

[XVI.] ܠܝ ܕܡܬ̈ܒܛܠܬܐ ܡܬܪ̈ܒܝܢ ܐܝܬܝܗܘܢ ܡܫܝܢܐ. ܘܠܐ ܕܫܘܢ ܕܡܬܬܪܝܡܝܢ. ܒܠ ܡܬ̈ܒܝܫܬܐ ܕܠܗ ܥܒܠܐ ܕܐܠܗܐ. ܡܢ ܢܦܘܫ ܡܫܝܢܐ. ܠܐ ܐܦܩܐ ܒܢܦܫܘܬܐ ܕܡܫܠܡܘܬܐ: ܘܐܦܠܐ ܕܫܒܘܪܘܬܐ. ܘܟܕ ܙܠܒ ܢܓܪܐ ܗܘܐ ܣܠܝܩ. ܐܠܝܩ ܒܡܫܝܚܘܬ ܬܪܚܘܬܐ ܐܦܩܝ. ܐܡܫܝܐ ܕܪܘܚܐ ܡܙܥܐ ܒܠܗܘܢ ܡܠܠ. ܐܡܪ ܠܝ. ܡܢܝܩ ܢܒܘ ܗܘܝܢ ܠܥܡܟܘܢ. ܘܪܒܗ ܕܡܢܝܩ ܠܢܒܘ ܐܬܟܠܠ. ܐܘܕܒܢ ܡܕܡܗܘܢ ܐܢܝ ܠܡܕܝܢܐ. ܐܢܝ ܒܡܘܪܐ ܒܐܘܪܚܐ ܘܗܘܬܐ. ܠܐ ܐܝܬ ܠܗ ܣܘܦܝ ܘܐܦܠܐ ܥܒܝܫܐ. ܘܫܝܫܗܘܢ ܘܠܝܬ ܗܘܐ ܠܗ ܣܘܦܝ ܘܐܦܠܐ ܥܒܝܫܐ. ܐܠܐ ܣܘܦܐ ܕܠܗ ܥܒܠܐ. ܕܡܢܝܢ

22 ܘܪ̈ܒܝܢ] Cod. ܣܠܡ | ܘܪܒ.

ܠܓܒܒܝܗ̇ ܘܠܡܒܒܒ ܕܢܒܐ ܘܕܪܝܫܘܬܐ. ܡܬܪܐܡܬ ܒܗ̇
ܚܣܕܝܗ̇ ܠܟ̈ܠܗ ܕܡܢ̈ܝ ܥܡܗ: ܗܠܝܢ ܕܡܠܠ ܒܗ ܡܠܦ
ܚܣܝܘܬܐ ܘܢܓܝܪܘܬ ܪܘܚܐ. ܗܟܢܐ ܓܝܪ ܐܡܪ: ܪ̈ܚܡܘܗܝ
ܐܝܟܢܐ ܕܢܗܘܘܢ ܠܘܬܗܘܢ ܪ̈ܚܡܐ. ܥܗܘܕܝ ܐܝܟܢܐ
ܕܢܥܒܕܘܢ ܠܗܘܢ. ܐܝܟܢܐ ܕܚܒܒܝܢ ܐܢܘܢ: ܗܟܢܐ
ܢܬܚܒܒܘܢ ܠܗܘܢ. ܐܝܟܢܐ ܕܢܗܕܡܝܢ ܐܢܘܢ: ܗܟܢܐ ܢܬܗܕܡܘܢ
ܠܗܘܢ. ܐܝܟܢܐ ܕܕܚܝܠܝܢ ܐܢܘܢ: ܗܟܢܐ ܢܬܕܚܠܘܢ. ܐܝܟܢܐ
ܕܡܫܘܡܝܢ ܐܢܘܢ ܒܡܫܡܘܬܐ: ܗܟܢܐ ܢܬܬܫܡܫܘܢ ܠܗܘܢ.
ܒܚܠܬܐ ܗܝ ܕܡܓܠܝܢ ܐܢܘܢ: ܒܗ̇ ܢܬܓܠܘܢ ܠܗܘܢ...
ܒܗܢܐ ܦܘܩܕܢܐ ܘܒܗܠܝܢ ܦ̈ܘܩܕܐ ܢܛܪ ܢܦܫܗ. ܠܘܬ ܗ̇ܝ
ܕܢܐܠܝ ܒܗ ܐܢܬܝܢ ܡܫܬܘܕܝܢܐ ܠܟ̈ܠܗ ܕܠܗ ܦ̈ܐܝܬ
ܠܡܕ̈ܝܢܬܐ. ܒܗ ܡ̈ܫܝܢܬܐ ܡܬܐܪܚܝܢ. ܐܚܪܐ ܓܝܪ ܡܠܬܐ
ܡܕܝܬܐ. ܕܒܗ ܐܢܫܘܢ: ܐܠܐ ܐܢ ܒܢܝܫܐ ܘܓܠܝܐ
[XIV.] ܘܕܪܟ ܡܢ ܟ̈ܠܗ ܕܠܗ. ܕܟܐܢܐ ܗܒܠ ܐܢܬܘܢ ܘܐܠܗܘܬܐ:
ܐܘ ܒܢ̈ܝܐ ܐܚ̈ܝܢ. ܕܡܫ̈ܬܥܒܕܢܐ ܢܓܠܘܢ ܠܐܠܗܐ ܢܗܘܐ.
ܐܘ ܠܚܝܝܗܘܢ ܕܐܢܬܘܢ ܙ̈ܥܘܪܐ ܬ̈ܠܝܠܐ ܬ̈ܡܝܡܐ
ܒܡܫܡܠܝܘܬܐ ܘܒܫܠܝܘܬܐ ܠܓܡܪ. ܫܘܦܪܐ ܓܝܪ ܠܗ
ܐܝܟܐ ܕܗܘ ܢܫܒܘܩ: ܟܠܗ̇ ܕܝܢ ܡܢܗܘܢ ܪ̈ܒܐ: ܐܢܫ
ܕܒܗ ܓܒܝܢ ܢܦܫ ܒܡܢܕܘܥܘܢ ܢܛܠ ܚܕ ܡܢ ܠܡܬܚܐ ܕܫ̈ܢܝܢܐ:
ܗܠܝܢ ܒܗܬ ܕܢܬܠܘܢ ܠܗ ܠܘܬ ܚܝ̈ܕܐ ܘܡ̈ܟܝܢܐ: ܠܘܬ ܗ̇ܝ
ܕܢܒܪܘܢ ܠܗ ܡܢ ܗ̇ܝ ܕܫܒܩ ܐܢܬ ܠܗ̇. ܢܗܘܐ ܒܦܘܩܕܢܐ
ܠܘܬ ܢܦܫܝ. ܐܝܟ ܫܘܬܦܘܬܐ ܘܫܠܝܘܬܐ ܕܗܘ ܕܒܓܒܐ
ܠܝ. ܟܬܝܒ ܓܝܪ. ܕܒܦܘܩܕܢܐ ܢܗܘܘܢ ܚܒܪ̈ܐ ܕܐܪܒܐ.
ܬܫܒܘܚܬܐ ܕܝܢ ܢܬܕܪܘܢ ܟܠܗ. ✢ ܘܬܘܒ ܐܡܪ: ܫܡܥܬ
ܪ̈ܥܝܐ ܕܡܬܬܪܝܨ ܘܡܫܬܡܠ. ܐܝܟ ܐܪ̈ܙܐ ܕܠܒܝ. ܘܟܒܪܬ.
ܘܗܘܐ ܠܬܘܒܘܗܝ ܗܘܐ. ܘܟܒܪܬܗ̇ ܘܠܐ ܐܫܬܘܕܥܬ ܕܒܬܪܗ.
ܬܪ ܬܫܡܫܬܐ ܘܚܝܐ ܬܪܝܨܬܐ. ܡܛܠ ܕܐܝܬ ܥܪ̈ܒܢܐ

ܒܠܗ̇ ܗܠܝܢ ܕܐܫܬܕܪܘ ܡܢ ܦܘܠܘܣ ܘܐܬܩܪܝܘ ܠܗ̇: ܠܘܬܟܘܢ ܒܠܗ ܗܠܝܢ ܦ̈ܫܘܫܐ ܕܐܘܪܚܐ ܕܠܗ: ܐܝܟ ܐܢܝܢ: ܦܘܠܘܣ ܒܪ ܗܒܘܢܐ ܦܩܕ. ܗܘ ܕܡ ܦܝܒܠܬ. ܕܒܠܗ ܒܟ ܒܒ̈ܪܐ ܗܠܝܢ ܕܟܬܒ ܐܝܠܝܢ ܠܘܬܟ. ܐܠܐ ܡܒܕܪܐ ܢܦܫܗ ܘܐܪܒܗ ܒܐܘܪܚܐ ܕܠܗܘܢ. ܟܕ ܡܫܘܚܐ ܗܘܬ ܠܗܘܢ ܡܫܠܡܢܘܬܐ. ܘܐܦܪܘܬ ܠܘܬ ܒܒ̈ܪܐ. ܟܕ ܢܒܐ ܐܝܟ ܐܝܟ. ܕܟܪܝܐ ܐܠܗܢ. ܦܠܟܬܗ ܡܫܠܡ ܠܗ̇ ܠܗܘܢ ܠܐܪܟܐ ܗܕܐ. ܐܪܬܝܬܐ ܒܪ ܘܕܫܠܡܐ ܕܠܟܘܢ: ܢܦܠܐ ܟܠ ܗܠܝܢ ܕܟܬܒܝܢ ܒܗ̇. ܐܝܟܢܐ ܕܐܢ ܗܟܝܠ ܬܗܘܐ ܕܬܬܦܫܩܘܢ ܠܐܪܟܐ. ܫܘܪܟܢܝ ܘܠܒܝܬܐ ܕܐܟܐ ܕܠܗ. ܘܐܦܪܘ ܠܗ̇. ܬܗܘܐ ܗܟܢܐ. ܐܝܟܢܐ ܕܬܦܠܠܬܗ ܠܝ. ܐܢ ܗܟܝܠ ܦܩܕܝܢ ܡܢ ܕܐܬܢܝ: ܬܦܢܫܝܢ ܟܠܗܘܢ ܗܠܝܢ ܕܠܟܢ ܠܬܫܝܬ ܬܦܠܠܐ ܕܟܬܒܝ ܘܫܬܘܕܥܘܢ. ܘܒܠܗܘܢ ܗܠܝܢ ܕܡܫܬܒܫܘܢ ܠܒܪ ܡܢ ܟܬܒܝ ܢܒܝܐ. ܘܐܘܣܦܘ ܠܡܬܠ ܠܗ̇ ܐܬܬܐ. ܐܝܟܢܐ ܕܬܦܠܬܐ ܡܢ ܟܬܒܗ̇ ܠܒܪ ܣܘܦܐ ܕܣܘܪܬܐ. ܟܕ ܡܟܬܒܐ ܟܬܒܝܢ: ܕܟܢ ܕܒܗ ܕܡܫܝܚܐ: ܢܗܘܐ ܦܘܪܩܢܐ ܠܟܠܗܘܢ ܗܠܝܢ ܕܡܗܝܡܢܝܢ ܒܡܫܝܚܐ. ܫܠܡ ܐܢܬܘܢ ܬܗܘܘܢ: ܕܠܗ ܒܠܫܢ ܡܗܝܡܢܘܬܐ: ܐܠܐ ܐܦ ܢܒܝܘܬܐ ܗܘܬ ܒܗ̇

[XIII.] ܒܐܢܬܬܐ ܗܝ. ܬܘܕܝܬܐ ܗܟܝܠ ܡܩܪܒܬܐ ܐܝܬܝܢ. ܟܕ ܡܗܝܡܢܝܢ ܒܟܢ: ܒܠܗ̇ ܡܫܠܡܢܘܬܐ ܘܫܒܗܪܘܬܐ. ܘܫܦܝܪܘܬ ܙܒܢܐ ܘܩܪܝܒܘܬܐ. ܘܡܛܠ ܗܝ ܕܟܬܝܒܐ. ܀ ܐܡܪ ܓܝܪ ܪܘܚܐ ܩܕܝܫܐ. ܠܐ ܢܫܬܒܗܪ ܚܟܝܡܐ ܒܚܟܡܬܗ. ܐܦ ܠܐ ܚܝܠܬܢܐ ܒܚܝܠܗ. ܐܦ ܠܐ ܥܬܝܪܐ ܒܥܘܬܪܗ. ܐܠܐ ܗܘ ܕܡܫܬܒܗܪ ܒܡܪܝܐ ܢܫܬܒܗܪ.

16 Cod. ܕܣܘܪܝܬܐ.

ܠܐܒܘܗܝ. ܘܐܡܪ ܠܗ. ܚܙܝ ܒܡܠܟܘܬܐ ܘܡܛܠ. ܩܕܡܝܐ ܕܡܠܟܘܬܐ ܐܢ ܡܠܟܘ. ܐܝܟ ܠܡܠܟܘܬܐ ܐܢܘܢ. ܗܟܢܐ ܢܗܘܐ ܙܪܥܗ. ܗܫܐ ܕܝܢ ܐܒܘܗܝ ܠܐܠܗܐ. ܘܐܬܬܙܝܥܬ ܠܗ ܠܬܫܡܫܬܐ.. ܡܛܠ ܗܝܡܢܘܬܗ ܘܪܚܡܬܗ ܐܠܗܝܘܬܗ ܐܬܝܗܒ ܠܗ ܒܪܐ ܒܣܝܒܘܬܐ. ܘܟܕ ܡܫܬܡܠܝܘܬܗ. ܦܩܕܗ ܕܢܣܒܝܘܗܝ ܠܐܠܗܐ: ܟܠ ܚܕ ܡܢ ܛܘܪܐ ܗܠܝܢ ܕܚܘܐ ܠܗ. ⁘

[XI.] ܡܛܠ ܪܚܡܬܗ ܐܠܗܝܘܬܐ ܘܡܫܝܢܘܬ ܕܠܒܗ. ܠܘܬ ܐܣܬܘܥ ܡܢ ܗܕܡܘܗܝ. ܟܕ ܒܠܗ ܐܬܪܐ ܕܚܙܘܗܝ ܐܬܕܝܢ ܒܗ ܢܘܪܐ ܘܡܒܪܟܬܐ. ܟܠܗܘܢ ܓ̈ܒܪܐ ܠܗܕܐ ܡܢܐ ܕܟܠ. ܕܠܐܘܢ ܕܡܫܒܚܝܢ ܟܠܗܘܢ ܠܐ ܥܒܕ. ܠܐܘܢ ܕܝܢ ܕܐܬܬܢܝܘܗܝ ܡ̈ܠܦܢܐ ܡܢܗ ܠܒܪܐ ܐܝܢܘ. ܕܒܝܫ ܘܡܬܥܒܕܐ ܗܟܝܠ. ܟܕ ܓܝܪ ܐܚܪܢܐ ܢܦܩܬ ܒܥܡܗ ܐܝܬܘܗܝ. ܟܕ ܐܝܢܐ ܬܪܥܝܬܐ ܐܬܝܗܒ ܗܘܬ ܘܠܐ ܒܢܦܫܗ ܬܪܥܝܬܐ: ܒܗܕܐ ܐܬܐ ܐܬܬܦܢܝܬ: ܐܝܟܢܐ ܕܡܢܥܬܐ ܕܐܠܗܐ ܬܗܘܐ ܒܕܝܢܐ ܠܒܢܝ̈ܐ ܗܢܐ. ܐܝܟܢܐ ܕܡܢܝܬܐ ܬܗܘܐ ܠܟܠܗ. ܕܐܝܠܝܢ ܕܐܬܦܢܝܘ ܬܪ̈ܝܢ ܢܦܫܐ ܘܕܡܬܦܪܣܝܢ ܡܛܠ ܚܝܠܐ ܕܐܠܗܐ. ܠܕܝܢܐ ܘܠܐܬܐ ܠܟܠܗܘܢ ܥ̈ܡܡܐ ܗܘܝܢ. ⁘

[XII.] ܡܛܠ ܗܝܡܢܘܬܐ ܘܡܛܠ ܪܚܡܬܗ ܐܠܗܝܘܬܐ ܕܐܒܪܗܡ ܢܘܚ: ܗܘ ܕܡܬܐܡܪܐ ܗܘܬ. ܟܕ ܓܝܪ ܐܬܕܪܘ ܡܢ ܥܠܡ ܒܢܝ̈ܐ ܕ̈ܥܡܡܐ ܠܐܠܗܘܬܐ. ܟܕ ܦܠܚܐ ܕܐܪܥܐ ܗܘ. ܕܠܛܒ ܠܐܬܪܐ ܕܥܠܡܐ ܐܬܝܗܒ ܗܘܐ. ܘܟܕ ܓܝܪ ܐܬܐ ܕܝܘܡܢ ܐܝܟ. ܐܝܟܢܐ ܕܟܕ ܡܬܟܬܒܝܢ ܢܦܩܘܢ. ܢܦܩܬ ܐܝܟ ܡܫܝܚܐ ܗܘܐ ܟܕ ܦܬܟܪ ܐܝܟ: ܐܬܟܬܒ ܐܝܟ ܒܟܠܗ ܐܬܪܐ ܦܝܫܐ ܕܟܬܒܐ. ܟܕ ܕܝܢ ܗܘܐ

9 Cod. ܘܡܪ̈ܘܗܝ.

ܘܦܐܝܐ ܗܘ ܕܠܡܫܡܠܝܘܬܐ ܫܘܟܠ. ܢܬܒܥܐ ܒܫܘܒܚܐ ܡܫ̈ܒܚܢܐ ܕܢܦܫܗ ܠܡܫܬܡܥܢܘܬܐ ܕܠܗ ܪܒܬ ܦܐܝܘܬܐ. ܢܣܒ ܠܚܢܘܟ: ܗܘ ܕܒܗ ܒܡܫܬܡܥܢܘܬܐ ܐܫܬܟܚ ܙܕܝܩܐ: ܐܫܬܢܝ: ܘܠܐ ܐܫܬܟܚ ܡܘܬܗ. ܢܘܚ ܕܝܢ ܡܗܝܡܢܐ ܐܫܬܟܚ ܒܝܕ ܬܫܡܫܬܗ: ܗܘܐ ܕܟܪܙ ܕܪܝܫ ܐܚܪ̈ܢ ܠܥܠܡܐ. ܘܦܪܩ ܡܪܝܐ ܕܟܠ ܒܐܪ̈ܒܥܬܗܘܢ: ܠܚ̈ܝܘܬܐ ܗܠܝܢ ܕܥ̈ܠܝ ܒܫܝܢܘܬܐ ܠܩܒܘܬܐ. ܡܢܝܐ ܕܝܢ ܪܚܡܐ ܒܥܒܕܐ

[X.] ܕܗܝ. ܕܟܠܬܐ ܡܒܚܪܬܐ. ܐܒܪܗܡ ܕܝܢ ܪܚܡܐ ܐܬܟܢܝ: ܡܗܝܡܢܐ ܐܫܬܟܚ: ܒܗ ܕܗܘܐ ܡܫܬܡܥܢܐ ܠܡ̈ܠܘܗܝ ܕܐܠܗܐ. ܗܢܐ ܒܝܕ ܡܫܬܡܥܢܘܬܐ ܢܦܩ ܡܢ ܐܪܥܗ ܘܡܢ ܛܘܗܡܗ ܘܡܢ ܒܝܬܐ ܕܐܒܘܗܝ. ܐܝܟܢܐ ܕܒܗ ܐܪܥܐ ܙܥܘܪܬܐ: ܘܫܪܒܬܐ ܟܚܝܫܐ ܡܚܝܠܬܐ ܘܒܝܬܐ ܙܥܘܪܐ. ܢܐܪܬ ܡ̈ܘܠܟܢܐ ܕܐܠܗܐ. ܐܡܪ ܠܗ ܓܝܪ. ܦܘܩ ܡܢ ܐܪܥܟ ܘܡܢ ܛܘܗܡܟ ܘܡܢ ܒܝܬ ܐܒܘܟ: ܠܐܪܥܐ ܗܝ ܕܐܚܘܝܟ ܠܟ. ܘܐܥܒܕܟ ܠܥܡܐ ܪܒܐ. ܘܐܒܪܟܟ ܘܐܪܒܐ ܫܡܟ. ܘܬܗܘܐ ܡܒܪܟ. ܘܐܒܪܟ ܠܡܢ ܕܡܒܪܟܝܢ ܠܟ: ܘܐܠܘܛ ܠܡܢ ܕܠܝܛܝܢ ܠܟ. ܘܢܬܒܪܟܘܢ ܒܟ ܟܠܗܘܢ ܫܪ̈ܒܬܐ ܕܐܪܥܐ. ܘܬܘܒ ܟܕ ܦܪܫ ܡܢ ܠܘܛ ܐܡܪ ܠܗ ܐܠܗܐ. ܚܘܪ ܒܥ̈ܝܢܝܟ ܘܚܙܝ ܡܢ ܕܘܟܬܐ ܗܝ ܕܐܝܬܝܟ ܒܗ ܗܫܐ: ܠܘܬ ܓܪܒܝܐ ܘܠܘܬ ܬܝܡܢܐ ܘܠܡܕܢܚܐ ܘܠܡܥܪܒܐ. ܡܛܠ ܕܠܟܠܗ ܐܪܥܐ ܗܝ ܕܐܢܬ ܚܙܐ ܐܢܬ. ܠܟ ܐܬܠܝܗ̇ ܘܠܙܪܥܟ ܥܕܡܐ ܠܥܠܡ. ܘܐܥܒܕܗ ܠܙܪܥܟ ܐܝܟ ܚܠܐ ܕܐܪܥܐ. ܐܢ ܡܫܟܚ ܐܢܫ ܠܡܡܢܝܘ ܚܠܐ ܕܐܪܥܐ. ܘܐܦ ܙܪܥܟ ܢܬܡܢܐ. ܀ ܘܬܘܒ ܐܡܪ. ܐܦܩܗ ܕܝܢ ܠܒܪ ܐܠܗܐ

22 Cod. ܕܟܠܗ̇.

ܬܝܒܘܬܐ ܡܠܠܘ. ܘܐܦ ܗܘ ܕܝܢ ܡܪܐ ܕܟܠ: ܡܛܠ ܬܝܒܘܬܐ ܡܠܠ ܥܡ ܡܘܡܬܐ. ܚܝ ܐܢܐ ܓܝܪ ܐܡܪ ܡܪܝܐ. ܕܠܐ ܨܒܐ ܐܢܐ ܒܡܘܬܗ ܕܚܛܝܐ: ܐܝܟ ܕܒܬܝܒܘܬܐ. ܟܕ ܐܘܣܦ ܗܟܢ. ܘܬܪܥܝܬܐ ܛܒܬܐ. ܬܘܒܘ ܒܝܬܐ ܕܐܝܣܪܐܝܠ ܡܢ ܠܐ ܢܡܘܣܘܬܐ ܕܝܠܟܘܢ. ܟܕ ܐܡܪ ܐܢܬ ܠܒܢܝܐ ܕܥܡܐ ܕܝܠܝ: ܘܐܢ ܢܗܘܘܢ ܚܛܗܝܟܘܢ ܡܢ ܐܪܥܐ ܥܕܡܐ ܠܫܡܝܐ: ܘܐܢ ܢܗܘܘܢ ܕܝܬܝܪ ܣܘܡܩܝܢ ܡܢ ܬܘܠܥܬܐ: ܘܐܘܟܡܝܢ ܝܬܝܪ ܡܢ ܣܩܐ: ܘܬܬܦܢܘܢ ܠܘܬܝ ܡܢ ܟܠܗ ܢܦܫܐ: ܘܬܐܡܪܘܢ ܐܒܘܢ: ܐܫܡܥܟܘܢ ܐܝܟ ܕܠܥܡܐ ܩܕܝܫܐ. ܘܒܕܘܟܬܐ ܐܚܪܬܐ ܗܟܢܐ ܐܡܪ. ܣܚܘ ܕܟܘ ܗܘܘ. ܐܥܒܪܘ ܒܝ̈ܫܬܐ ܡܢ ܢܦܫܬܟܘܢ. ܩܕܡ ܥܝ̈ܢܝ ܢܣܘ ܡܢ ܒܝ̈ܫܬܟܘܢ. ܝܠܦܘ ܥܒܕܘ ܠܛܒ̈ܬܐ. ܒܥܘ ܕܝܢܐ. ܦܪܘܩܘ ܠܡܢ ܕܡܬܥܠܒ. ܕܘܢܘ ܠܝܬܡܐ. ܙܕܩܘ ܠܐܪܡܠܬܐ. ܘܬܘ ܢܬܘܟܚ ܥܡ ܚܕ̈ܕܐ ܐܡܪ ܡܪܝܐ. ܘܐܢ ܢܗܘܘܢ ܚܛܗܝܟܘܢ ܐܝܟ ܣܡܩܐ. ܐܝܟ ܬܠܓܐ ܐܚܘܪ. ܘܐܢ ܕܝܢ ܢܗܘܘܢ ܐܝܟ ܙܚܘܪܝܬܐ. ܐܝܟ ܥܡܪܐ ܐܚܘܪ. ܘܐܢ ܬܨܒܘܢ ܘܬܫܡܥܘܢܢܝ: ܛܒܬܐ ܕܐܪܥܐ ܬܐܟܠܘܢ. ܘܐܢ ܕܝܢ ܠܐ ܬܨܒܘܢ: ܐܦܠܐ ܬܫܡܥܘܢܢܝ. ܣܝܦܐ ܢܐܟܠܟܘܢ ܦܘܡܗ ܕܡܪܝܐ ܡܠܠ ܗܠܝܢ. ܠܟܠܗܘܢ ܗܟܝܠ ܚܒܝܒܘܗܝ ܕܠܗ ܟܕ ܨܒܐ ܕܢܫܬܬܦܘܢ ܒܬܝܒܘܬܐ. ܫܪܪ ܐܢܘܢ ܒܨܒܝܢܐ

[IX.] ܕܝܠܗ ܐܚܝܕ ܟܠܐ. ܡܛܠ ܗܢܐ. ܢܫܡܥ ܠܨܒܝܢܗ ܡܫܒܚܬܐ ܘܪܒܬ ܦܐܝܘܬܐ. ܘܟܕ ܡܬܟܫܦܝܢܢ ܩܕܡ ܛܝܒܘܬܗ ܘܠܚܢܢܘܬܗ. ܢܦܠ ܘܢܬܦܢܐ ܠܘܬ ܪ̈ܚܡܘܗܝ ܕܝܠܗ. ܟܕ ܫܒܩܝܢ ܣܪܝܩܘܬ ܥܡܠܐ ܘܚܪܝܢܐ.

16 Cod. ܣܘܪܝܬܐ.

ܦ̈ܓܥܐܐ ܣܓܝ ܡܛܠ ܛܝܒܘܬܟ. ܬܫܒܘܚܬܐ ܠܛܝܒܘܬܐ ܗܘܝܐ ܠܢ. ܡܛܠ ܛܝܒܘܬܐ ܢܝ̈ܚܐ ܕܐܢ̈ܫܘܬܢ: ܘܕܝܘܪܐ ܒܗ ܐܬܥ̈ܕܩܝܢ ܘܓܒ̈ܪܐ ܒܢ̈ܝܐ ܘܠܐ ܫ̈ܡܝܐ ܫ̈ܒܝܢ ܘܩ̈ܒܠܝܢ: ܠܘܬ ܪ̈ܓܠܐ ܡܥܒܪܢܐ ܕܡܫܡܫܢܘܬܐ ܫ̈ܡܫܝܢ: ܘܢܩ̈ܦܝܢ ܐܘܪܚܐ ܣܠܩܬܢܐ: ܗܠܝܢ ܕܡܫܬܠܡ ܗܘܘ ܒܡܥܪܐ.. ܛܝܒܘܬܐ ܢܛܪ ܡܢ ܒܪ̈ܝܐ ܠܥ̈ܬܘܬܬܐ ܕܠܗܘܢ: ܘܥܒܠܗ ܠܗܝ ܕܐܬܐܡܪܬ· ܡܢ ܐܒܗ̈ܘܢ ܐܕܡ: ܗܕܐ ܗܟܢܐ ܒܪܝܟܐ ܡܢ ܒܪ̈ܝܟܐ: ܘܒܡܥܪܐ ܡܢ ܒܡܥܪܐ ܕܠܗ.. ܛܝܒܘܬܐ ܘܚܢܢܟ. ܡܬ̈ܪܢܝܬܐ

[VII.] ܪ̈ܘܚܢܬܐ ܗܦܟ ܘܡܬ̈ܚܡܬܐ ܪ̈ܘܚܢܐ ܒܦܪ. ܗܠܝܢ ܣ̈ܒܝܒܝܢ: ܠܐ ܒܠܫܢܐ ܒܗ ܠܗܘܢ ܡ̈ܪܬܝܢ ܥܠܡܝܢ ܒܗ ܐܬܒܪܝܬ. ܐܠܐ ܐܦ ܒܗ ܚܝ ܠܝ ܡ̈ܬܒܗܕܝܢ. ܒܗ ܒܪܐ ܒܗ ܒܗ ܒܝ̈ܦܪܐ ܐܬܪܝܢ: ܘܗܘ ܒܗ ܗܘ ܐܝܟܢܐ ܫܡܗ ܠܝ. ܡܛܠܗܕܐ ܢܦܩܐ ܡܢ ܪ̈ܘܚܢܘܬܐ ܦ̈ܘܫܩܬܐ ܘܡ̈ܫܪܫܬܐ. ܘܢܬܐ ܠܘܬ ܡܘܢܐ ܡܥܒܕܢܐ ܘܡܥܒܕܐ ܕܟܠܡܕܡ̈ܬܐ: ܘܢܣܒܐ ܡܢܐ ܥܦܪ ܘܡܢܐ ܙܠܝܩ. ܘܡܢܐ ܡܒܛܠ ܡܕܡ ܗܘ ܕܒܓܒܗ ܠܝ. ܢܬܒܥܐ ܒܕܡܘܬܐ ܕܡܥܒܕܢܐ. ܘܚܕ ܕ ܕܡܫܘܪܐ ܐܝܬܘܗܝ ܠܐܒܘܗܝ: ܗܘ ܕܒܗ ܐܬܝܗܒ ܡܛܠ ܦܘܪܩܢܐ ܕܠܝ ܠܟܠܗ ܒܠܒܢܐ ܬܫܒܘܚܬܐ ܫܒܚ. ܢܒܓܪ ܟܠ ܟܠܗܘܢ ܕܪ̈ܐ. ܢܐܠܦ ܕܒܕܪܐ ܘܒܕܪܐ: ܕܥܕܡܬܐ ܕܬܫܒܘܚܬܐ ܡܢܟ: ܠܥܠܡܝܢ ܕܢܬܚܢܢ ܠܡܬܦܢܝܘ ܠܘܬܗ. ܢܘܒ ܐܓܪܐ ܬܫܒܘܚܬܐ. ܘܐܝܠܝܢ ܕܡܫܒܚܝܢ ܐܫܬܘܕܥܘ. ܘܗܝ ܠܫܘܘܝ ܗܦܟܢܐ ܐܓܪܐ. ܗܠܝܢ ܒܗ ܬܟܘ ܟܠ ܣܝܠܬܗܘܢ: ܙܟܝܘ ܠܐܠܗܐ ܒܗ ܡܬܒܥܝܢ ܠܗ. ܘܝܗܒܘ ܦܘܪܩܢܟ. ܘܒܗ ܛܒ ܢܒ̈ܪܝܐ ܕܐܠܗܐ ܐܫܬܘܕܥܘܢ ܗܘܘ.

[VIII.] ܡܫ̈ܒܚܢܐ ܕܛܝܒܘܬܐ ܕܐܠܗܐ ܒܗ ܙܘܥܐ ܘܒܝܬܟ. ܡܛܠ

19 ܘܒܕ̈ܪܐ] The letters ܒܕ are written over an erasure.

ܡܪܢܐ. ܡܛܠ ܟܝܢܐ ܐܫܪܘ ܘܡܬܪܝܡ. ܠܒܪ ܡܢ ܡܥܪܝܬܐ ܒܗܘ. ܟܝܢܐ ܠܕܐܬܐ ܘܠܐܒܝܢܝ. ܗܕ ܢܒܐܡ ܐܒܬ ܐܢܘܢ ܠܥܘܠ: ܡܛܠ ܕܥܒܕܘ ܠܗܬ ܡܢܝܢܐ ܕܐܠܗܐ ܒܗܠܐ. ܡܛܠ ܟܝܢܐ ܠܕܘܝ ܫܒܚܐ ܗܘܐ ܠܗ. ܠܐ ܒܠܝܘܕ ܡܢ ܩܠܝܬܝܢ. ܐܠܐ ܐܦ ܡܢ ܥܐܘܠ ܦܠܚܐ

[V.] ܕܐܝܣܪܐܝܠ ܐܬܪܕܦ. ⁘ ܐܠܐ ܡܛܠ ܕܡܢ ܬܝܒܘܬܐ ܒܬܘܩܬܐ ܢܠܝܢ. ܢܐܬܐ ܠܝ ܠܘܬ ܐܬܠܓܐ ܫܘܢ ܕܗܘܘ ܒܡܘܪܒܐ. ܢܦܩ ܡܢ ܕܘܪܐ ܕܐܝܟ ܬܫܘܒܘܬܐ ܫܠܝܛܘܬܐ. ܡܛܠ ܟܝܢܐ ܘܫܒܚܐ: ܫܘܢ ܒܥܘܕܐ ܙܘܪܒܐ ܘܕܝܬܝ: ܡܢ ܒܠܥ ܕܐܢܫܝܢ ܗܘܘ ܐܬܪܕܦܘ: ܘܒܕܘܒܐ ܠܡܘܬܐ ܐܬܒܬܥܘ. ܢܦܩ ܡܢ ܚܢܝ ܠܩܠܝܢܐ ܟܬܒܐ. ܦܐܓܪܘܗ ܡܛܠ ܟܝܢܐ ܚܘܠܝ. ܠܐ ܣܕ ܘܠܐ ܬܪܝ: ܐܠܐ ܒܟܠܐ ܦܚܝܐ ܗܓܠ. ܘܒܕ ܗܒܢܐ ܐܦܗܘܕ: ܐܝܠ ܠܕܘܒܬܐ ܕܬܥܒܘܕܬܐ ܐܝܕܐ ܕܒܬܬܫܒܚܐ ܗܘܬ ܠܗ.. ܡܛܠ ܟܝܢܐ ܘܣܢܝܢܐ ܦܘܠܘܣ: ܬܒܬܥܐ ܕܡܫܒܚܪܘܬܐ ܗܒܢܪ. ܟܕ ܥܒܕ ܕܢܫܝ ܒܐܗܘܪܐ ܢܓܠ. ܟܕ ܓܙܡ. ܟܕ ܐܬܪܓܡ. ܟܕ ܒܙܘܪܐ ܗܘܐ ܒܡܕܝܢܬܐ ܘܒܡܚܙܒܝ. ܥܘܒܕܐ ܣܠܝܛܐ ܕܗܝܡܢܘܬܗ ܢܦܩ ܕܙܕܝܩܘܬܝ. ܟܕ ܐܝܟ ܠܟܠܗ ܒܠܒܐ. ܘܟܕ ܠܐܦܝܬܗ ܕܡܒܪܒܐ ܐܬܦܐ ܘܐܦܗܘܕ ܡܕܡ ܫܘܢ ܕܐܬܬܣܡܘ ܙܥܝܪܝ. ܗܒܢܐ ܐܓܘܢ ܡܢ ܗܢܐ ܒܠܒܝ. ܘܐܬܦܫܩ ܠܕܘܒܬܐ ܡܕܥܬܝ. ܟܕ

[VI.] ܬܫܘܒܘܬܐ ܪܒܬܐ ܗܘܐ ܕܡܫܒܚܪܘܬܐ. ܠܗܠܝܢ ܒܒܢܝܐ ܟܕ ܫܦܫܐܝܬ ܐܬܪܒܝܘ: ܓܒܥܐ ܗܓܢܐܐ ܕܟܒܫܐ ܐܬܟܒܫܘ. ܗܠܝܢ ܒܗܬ ܕܟܕ ܒܙܓܘܕܐ ܘܫܒܕܐ

18 Cod. | ܥܒ.

22 Cod. | ܕܡܫܒܚܪܘܬܐ.

ܐܝܟ ܠܕܝܠܝܬܐ ܕܐܠܗܐ: ܘܒܡܫܡܫܘܬܗ ܡܫܡܫܗ: ܐܦܠܐ ܒ̈ܢܝܢܫܐ ܕܦ̈ܘܪܩܢܗܘܢ ܠܡܫܠܡܘ: ܐܦܠܐ ܠܡܬܪ̈ܥܝܘ ܪ̈ܒܐ ܐܝܟ ܕܗܘ ܠܡܢܝܢܐ: ܐܠܐ ܟܠܗ: ܐܝܟ ܐܝܟ ܪ̈ܓܠܬܐ ܕܠܗ ܒܝܬܐ: ܒܗ ܓܒܝܐ ܒܢܠܐ ܘܪ̈ܫܝܡܐ ܕܢܩܒܘ: ܗܘ ܕܒܐܝܪ̈ܘܗܝ ܥܠ ܡܠܘܬܐ ܠܥܠܡܐ ܀ ܒܬܪ ܟܕ ܗܟܢܐ. ܘܗܢܐ ܡܢ ܒܬܪ ܡ̈ܠܬܐ.

[IV.] ܐܝܬܝ ܡܐܢ ܡܢ ܦܐܪ̈ܐ ܕܐܪ̈ܥܐ ܕܒܝܬܐ ܠܐܠܗܐ. ܐܦ ܗܟܝܠ: ܐܝܬܝ ܐܦ ܗܘ ܡܢ ܒܡܦ̈ܪܐ ܕܒ̈ܪܝܐ ܕܠܗ ܘܡܢ ܬܪܥܐ ܕܠܗܘܢ: ܘܐܬܟܢܝܫ ܐܠܗܐ ܠܐ ܥܠ ܗܝܠ ܘܥܠ ܡܘܪ̈ܒܝܗܘܢ. ܥܠ ܕܝܢ ܡܐܢ ܘܥܠ ܕܒ̈ܢܝܬܗ ܠܐ ܐܬܦܢܝ. ܘܐܬܬܒܝܢ ܡܐܢ ܦܠܚ. ܘܐܫܬܢܝ ܦܪ̈ܘܫܗ. ܘܐܡܪ ܐܠܗܐ ܠܗܬ ܡܐܢ. ܠܡܒܢܐ ܒܝܘܬܢܐ ܗܕܝܬ. ܘܠܡܒܢܐ ܐܫܬܝ ܦܪ̈ܘܫܝܟ. ܠܐ ܗܘܐ ܬܪܥܝܬ ܬܦܪ̈ܝ.. ܬܪ̈ܥܝܬ ܕܝܢ: ܠܐ ܬܬܦܠܓ. ܒܝܢܬ. ܫܘܬܦ. ܠܬܚܬܝܟ ܡܬܦܢܝܬܗ: ܘܐܢܬ ܬܫܬܠܛ ܒܗ. ܘܐܡܪ ܡܐܢ ܠܗܬ ܗܝܠ ܐܝܟܢܐ. ܢܒܢܐ ܗܝܠ ܠܡܫܒܬܐ. ܘܗܘܐ ܕܒܐ ܐܬܬܝܗܒ ܒܡܫܒܬܐ. ܡܢ ܡܐܢ ܥܠ ܗܝܠ ܐܝܟܢܐ: ܘܦܠܠܗ.. ܫܪܝܐ ܐܝܬܝܗ ܫ̈ܒܝܒܐ: ܠܒܢܝܐ ܘܒܝܫܬܐ ܡܦܠܘܬ ܐܝ̈ܟܐ ܒܒܐ. ܡܟܠ ܠܒܢܝܐ ܡܫܘܒ ܐܟܢܐ ܕܠܐ: ܓܢܙ ܡܢ ܡܢܡ ܦܪ̈ܘܫܗ ܕܒܫܘ ܐܝܟܢܐ. ܠܒܢܝܐ ܓܒܐ ܠܡܫܦ: ܕܒܕܡܐ ܠܡܫܘܬܐ ܢܬܪܕܦ: ܘܒܕܡܐ ܠܓܕܘܬܐ ܢܬܝܐ. ܠܒܢܝ ܠܓܢܙܘ ܐܠܝܗ ܠܡܫܢܐ: ܡܢ ܡܢܡ ܦܪ̈ܚܝܢ ܡܠܟܐ ܕܡܠܟܝܢ: ܒܗ ܫܓܝܒ ܡܢ ܒܪ ܫܪܒܬܗ: ܕܓܒܠܗ ܐܦܣܝܢ ܚܠܡ ܪ̈ܫܝܢܐ ܘܪ̈ܓܝܙܐ: ܕܠܡܢܐ ܬܦܠܠܝ ܟܒܝܐ ܐܝܟ: ܐܝܟ ܕܝܐ ܕܦܠܠܬ ܐܬܡܠܠ ܠܢܘ

24 Cod. [ܫܠܝܡ]. There is a hole in the parchment here.

ܡ̈ܠܝܬܐ ܕܪܘܚܐ ܡܕܝܢܐ ܥܠ ܥܠܝܢ ܗܘܝܢ ܗܘܘ. ܟܕ ܚܙܬ ܐܢܬܘܢ ܗܘܝܬܘܢ ܡ̈ܠܝܐ ܡܢ ܬܪܥܝܬܐ ܢܦܫܝܬܐ ܒܫܘܫܛܐ ܓܡܝܪܬܐ: ܡܢ ܬܟܠܬܐ ܥܡܝܪܬ ܕܫܠܝܐ. ܦܓܥܝܢ ܗܘܝܬܘܢ ܐܢ̈ܫܝܢ ܠܘܬ ܐܒܝܕܐ ܥܠ ܐܠܗܐ. ܟܕ ܡܬܒܥܝܢ ܗܘܝܬܘܢ ܠܗ ܕܡܫܝܚܐ ܢܗܘܐ: ܐܢ ܡܕܡ ܕܡܢ ܒܝܬܐ ܫܠܝܡ ܗܘܝܬܘܢ. ܐܝܟܢܐ ܐܢܬܘܢ ܗܘܐ ܠܗܘܢ ܒܐܡܢܘܬܐ ܥܡܗ ܘܟܠܠܐ ܫܠܡ ܥܠܘܗܝ ܐܢܫܘܬܐ. ܠܘܬ ܗܢܘܢ ܕܬܗܘܘܢ ܡܢ ܙܒܢܐ ܘܬܪܬܝܢ ܓܡܝܪܬܐ ܡܫܝܚܐ ܗܘ ܕܐܝܟܢܐ ܕܠܗ. ܢܦܫܐ ܘܫ̈ܘܚܐ ܘܪ̈ܓܫܐ ܐܢܬܘܢ ܗܘܝܬܘܢ. ܘܠܐ ܡܬܒܥܝܢ ܒܝܫܬܐ ܠܘܬ ܫ̈ܕܝܐ. ܥܠ ܥܠܝܢܐ ܘܥܠ ܦܘܡܐ: ܢܕܕܐ ܐܢܬܘܢ ܗܘܐ ܠܗܘܢ. ܥܠ ܥ̈ܡܬܐ ܕܡ̈ܢܝܐ ܡܬܐܟܠܝܢ ܗܘܝܬܘܢ. ܠܗ̈ܘܢܐ ܕܠܗܘܢ. ܒܢ̈ܝܢܐ ܘܠܒܗܘܢ ܕܝܢ ܗܘܝܬܘܢ. ܠܐ ܡܬܬܢܝܐ ܐܢܬܘܢ ܗܘܝܬܘܢ ܥܠ ܥܠ ܡܫܘܕܥܘܬ ܓܡܝܪܬܐ. ܡܬܢ̈ܒܝܐ ܠܘܬ ܥܠ ܚܕܕܐ ܓܒܪܐ. ܕܡܢܟܬܗܘܢ ܒܦܘܠܛܝܩܐ ܡܢܬܪܬ݂ ܒܟܠ ܡܫܘܕܥܘܬܐ. ܥܠܝܗܝܢ ܕܒܝܫܬܐ ܕܠܗ ܡܬܟܠܝܢ ܗܘܝܬܘܢ. ܦܩܘܕܐ ܘܪ̈ܫܡܐ ܕܡܠܟܐ. ܥܠ ܩܛܠܐ ܕܠܟܐ

[III.] ܕܠܗܘܢ ܥܬܝܕܝܢ ܗܘܘ. ܥܠܝܗ̇ ܬܫܒܘܚܬܐ ܘܬܘܕܝܬܐ ܐܬܝܗܒܬ݂ ܠܗܘܢ. ܘܐܫܬܠܡܬ݂ ܥܠܝܗܘܢ ܗܝ ܕܬܥܒܕܐ: ܕܐܚܠ ܘܐܬܒܛܠ: ܘܐܬܦܬܠ ܘܐܬܚܒܠ ܘܥܒܕܬ ܚܒܝܒܐ. ܀

ܡܢ ܗܕܐ ܓܒܝܐ ܘܫܒܝܚܐ: ܚܝܠܐ ܘܥܘܕܪܢܐ: ܕܪܘܚܐ ܘܟܠܠܬܐ: ܦܪܝܐ ܘܥܒܝܕܐ. ܗܕܐ ܡܢܗ ܗܠܝܢ ܠܐ ܡܫܬܪܝܐ ܥܠ ܡܫܬܪܐ: ܠܐ ܡܬ̈ܒܥܝܐ ܥܠ ܡܬ̈ܒܥܝܐ: ܦ̈ܬܟܐ ܥܠ ܫ̈ܒܝܠܐ: ܓܪ̈ܡܐ ܥܠ ܦ̈ܬܟܐ. ܡܛܠ ܗܕܐ ܒܪܘܚܐ ܐܢܬܘܢ ܕܕܫܘܬܐ ܘܥܘܕܪܢܐ: ܟܕ ܥܒܕ ܥܠ

7 Cod. ܒܠܗ.

ܐܓܪܬܐ ܘܕܡܟܝܬܐ ܕܡܠܝܛܘܣ ܠܘܬ ܦܘܪܝܢܐ. ܠ
ܟܠ ܘܡܥܪܪܬܐ: ܘܡܫܦܪܢܘܬ ܕܝܠܬܐ ܕܠܒܘܢ ܗܘ ܕܚܦܬܐ
ܘܢܝܫܬܐ ܕܡܫܝܚܐ ܠܐ ܐܬܕܟܪܬ: ܘܠܝܢܐ ܕܢܝܫܬ.
ܐܡܫܘܚܘܬܐ ܕܠܒܘܢ ܗܘ ܦܐܝܐ ܒܪܘܬܐ [ܠܐ] ܐܓܪܐ:
ܘܠܡܬܐ ܕܠܒܘܢ ܗܘ ܡܫܬܠܡܬܐ ܘܡܣܪܬܐ ܠܐ ܣܦܩ
ܠܗܘܢ. ܀ ܕܠܐ ܡܫܡܫ ܣܓܝܐܐ ܓܒܪ ܟܠ ܡܕܡ ܚܕܢܝܢ
ܗܘܝܬܘܢ: ܘܡܫܡܘܫܐ ܕܐܠܗܐ ܡܫܠܡܝܢ ܗܘܝܬܘܢ.
ܟܕ ܡܫܬܡܥܝܢ ܗܘܝܬܘܢ ܠܡܕܒܪܢܝܟܘܢ. ܘܐܝܟܢܐ ܗܘ
ܕܝܢ ܗܘܐ ܦܠܚܝܢ ܗܘܝܬܘܢ ܠܡܫܝܚܐ ܚܝܐ ܕܠܘܬܟܘܢ.
ܠܐܠܗܐ ܚܝܐ. ܕܡܫܡܫܬܐ ܘܡܫܬܐ ܢܫܪܟܘܢ ܡܫܡܝܢ
ܗܘܝܬܘܢ. ܠܐܠܗܐ ܚܝܐ. ܕܚܝܐ ܐܬܪܬܐ ܕܚܝܠܐ ܘܕܠܐ ܡܘܬ
ܒܠܒܘܬ ܢܬܢܠܝܢ ܡܦܩܕܝܢ ܗܘܝܬܘܢ. ܟܕ ܡܢܝܚܝܢ ܕܕܘܟܝܬ
ܠܟܢܫܐ ܕܠܗܘܢ. ܟܕ ܚܝܬ ܒܡܘܢܐ ܕܥܘܒܕܐ ܐܝܬܝܗܘܢ:
ܒܚܝܬܐ ܒܢܝܐܝܬ ܕܐܢܫܝܢ ܒܟܕܒܝܢ ܢܦܠܝܢ ܗܘܝܬܘܢ:
[II.] ܟܕ ܦܩܕ ܢܦܩܘܢ ܠܡܦܩܘܬܐ. ܟܠܟܘܢ ܚܝܬ ܡܟܬܒܬܐ
ܡܬܕܟܪܝܢ ܗܘܝܬܘܢ. ܟܕ ܘܠܐ ܒܡܕܡ ܡܫܬܘܠܝܢ
ܗܘܝܬܘܢ. ܟܕ ܡܫܬܥܒܕܝܢ ܗܘܝܬܘܢ ܠܡܪܝܐ ܝܬ. ܐܘ
ܡܫܥܒܕܝܢ ܗܘܝܬܘܢ ܠܐܚܪܢܐ. ܟܕ ܗܝܡܢܝܬ ܡܗܝܡܢ
ܗܘܝܬܘܢ. ܐܘ ܢܗܝܡܢ ܗܘܝܬܘܢ. ܟܕ ܒܪܝܬܐ ܐܘܟܝܬ
ܒܟܢܘܫܝܬܐ ܕܡܫܝܚܐ: ܫܒܝܢ ܗܘܝܬܘܢ ܦܩܘܕܘܬܐ
ܘܫܪܝܢ ܗܘܝܬܘܢ: ܟܕ ܒܟܠܗ ܚܝܬ ܕܠܗ ܢܦܩܐܝܬ
ܡܬܢܚܝܢ ܗܘܝܬܘܢ ܒܠܚܘܕܝܟܘܢ. ܘܫܒܪܐ ܕܠܗ ܐܝܬܘܗܝ
ܗܘܘ ܡܕܡ ܚܝܢܐ ܕܠܟܘܢ. ܗܟܢܐ ܥܒܕܐ ܒܟܘܫܐ
ܘܢܝܫܐ ܡܬܚܫܒ ܗܘܐ ܠܟܠܟܘܢ. ܘܐܫܬܟܚܬܐ ܕܠܐ ܗܟܢ
ܐܝܬ ܗܘܐ ܠܟܘܢ ܠܘܬ ܗܟܘܪܘܬ ܓܠܝܬܐ. ܘܡܬܐܡܪܢܘܬܐ

1 Cod. ܗܘ̈ܝ ܕܢܠܟܘܢ.

3 ܠܐ has been omitted by the scribe.

13 Cod. ܒܙ̈ܝܢ* ܕܢܚܪܘܢ (ܕ erased bef. 'ܢ).

ܐܓܪܬܐ ܩܕܡܝܬܐ ܕܩܠܝܡܝܣ

ܕܠܘܬ ܩܘܪܢܬܝܐ.

ܐܓܪܬܐ ܩܐܬܘܠܝܩܐ ܕܩܠܝܡܝܣ ܬܠܡܝܕܐ ܕܦܐܛܪܘܣ
ܥܠܝܗܐ ܕܠܘܬ ܒܕܬܐ ܕܩܘܪܢܬܝܐ ܡܢܝܢܐ ܕܝܠܗ
[I.] ܒܥܒܐ ܕܟܗ. ܕܟܬܪ ܡܫܘܚܬܐ. ܥܕܬܐ ܕܐܠܗܐ ܗܝ
ܕܡܬܬܘܬܒܐ ܒܪܘܡܝ. ܠܥܕܬܐ ܕܐܠܗܐ ܗܝ
ܕܡܬܬܘܬܒܐ ܒܩܘܪܢܬܘܣ: ܩܪ̈ܝܐ ܩܕ̈ܝܫܐ ܒܨܒܝܢܐ
ܕܐܠܗܐ: ܒܝܕ ܡܪܢ ܝܫܘܥ ܡܫܝܚܐ. ܛܝܒܘܬܐ
ܘܫܠܡܐ ܢܣܓܐ ܠܟܘܢ: ܡܢ ܐܚܝܕ ܟܠ ܐܠܗܐ: ܒܝܕ
ܝܫܘܥ ܡܫܝܚܐ܀ ܡܛܠ ܫ̈ܘܪܥܬܐ ܘܡܬܪ̈ܟܬܐ ܘܫܘܚܪ̈ܢܐ
ܕܗܘܝ ܠܢ ܡܫܬܟܠ ܗܘܝܢ ܒܬܪ ܚܕ ܐܘ ܬܪ̈ܝܢ. ܡܫܬܘܚܪܐܝܬ
ܥܒܕܢܢ ܠܡܥܒܕ ܡܬܦܢܝܢܘܬܐ: ܡܛܠ ܣܘܥܪ̈ܢܐ ܗܠܝܢ
ܕܡܬܒܥܝܢ ܠܘܬܟܘܢ. ܡܢ ܣܛܐܣܝܣ ܒܝܬ ܗ̇ܘ ܕܝܢ
ܢܘܟܪܝܐ ܗ̇ܝ ܕܡܫܒܚܐ ܘܠܐ ܫܦܝܪܐ: ܗ̇ܝ ܢܘܟܪܝܐ
ܘܐܟܣܢܝܐ ܠܓܒ̈ܝܐ ܕܐܠܗܐ: ܗ̇ܝ ܕܩܠܝܠ ܦܪ̈ܨܘܦܐ
ܚܨ̈ܝܦܐ ܕܐܝܬܝܗܘܢ ܦܩ̈ܝܥܐ ܘܡܪ̈ܚܐ. ܠܟܠܗ̇ ܗܕܐ
ܫܢܝܘܬܐ ܐܝܬܘ ܒܗ̇ ܐܬܚܡܬܘܠܗ: ܐܝܟܢܐ ܕܫܡܐ ܕܠܟܘܢ
ܗ̇ܘ ܢܟܦܐ ܘܫܒܝܚܐ ܘܕܠܟܠܗܘܢ ܒܢ̈ܝܢܫܐ ܫ̇ܘܐ ܕܢܗܘܐ
ܚܒܝܒܐ ܘܪܚܝܡܐ. ܪܘܪܒܐܝܬ ܢܬܓܕܦ܀ ܡܢܘ ܓܝܪ ܕܥܒܪ
ܐܦ ܠܘܬܟܘܢ: ܠܐ ܒܚܢܗ ܠܗܝܡܢܘܬܟܘܢ ܗ̇ܝ ܡܝܬܪܬܐ·

ܐܓܪܬܐ ܩܕܡܝܬܐ ܕܩܠܝܡܝܣ

ܕܠܘܬ ܩܘܪ̈ܢܬܝܐ.

www.ingramcontent.com/pod-product-compliance
Lightning Source LLC
Chambersburg PA
CBHW020316090426
42735CB00009B/1359
* 9 7 8 3 3 3 7 2 3 6 3 3 5 *